Deutschland im Staatenverbund

Christian Gellinek

# Deutschland im Staatenverbund

**Bibliografische Information der Deutschen Nationalbibliothek**
Die Deutsche Nationalbibliothek verzeichnet diese Publikation
in der Deutschen Nationalbibliografie; detaillierte bibliografische
Daten sind im Internet über http://dnb.d-nb.de abrufbar.

Umschlagabbildung:
Entwurf von Christian Gellinek

ISBN 978-3-631-64642-7 (Print)
E-ISBN 978-3-653-04054-8 (E-Book)
DOI 10.3726/978-3-653-04054-8

© Peter Lang GmbH
Internationaler Verlag der Wissenschaften
Frankfurt am Main 2014
Alle Rechte vorbehalten.
Peter Lang Edition ist ein Imprint der Peter Lang GmbH.

Peter Lang – Frankfurt am Main · Bern · Bruxelles · New York ·
Oxford · Warszawa · Wien

Das Werk einschließlich aller seiner Teile ist urheberrechtlich
geschützt. Jede Verwertung außerhalb der engen Grenzen des
Urheberrechtsgesetzes ist ohne Zustimmung des Verlages
unzulässig und strafbar. Das gilt insbesondere für
Vervielfältigungen, Übersetzungen, Mikroverfilmungen und die
Einspeicherung und Verarbeitung in elektronischen Systemen.

www.peterlang.com

Den politisch literarischen Europäern

Madame Germaine de Staël, geb. Necker
Adam Bernard Mickiewicz aus Polen
Adam Oehlenschläger aus Dänemark
Heinrich Hoffmann von Fallersleben
und Martin Schulz (Brüssel)

gewidmet

# Inhaltsverzeichnis

I. Einleitung: Die kooperative Europäische Union nach der Wiedervereinigung der Bundesrepublik Deutschland ......... 11
   1.0  Die neue europäische Staatszielbestimmung ............. 16
   1.1  nach dem neugefassten Grundgesetz Art. 23 ........... 18
   1.2  und der Verschiebung des alten GG Art. 23 ............... 23
   2.0  Staats-Europäisierung und Bürger-Verunsicherung.... 26
   2.1  europäische Deutsche ............................................... 27
   2.2  deutsche Europäer .................................................... 31
   3.0  Der deutsche Symbolhaushalt ................................. 32
   3.1  Selbstschutz in diesem vereinten Europa ................ 37
   3.2  NATO Schutzschild des Vereinten Europas ............. 39

II. Die Einschätzung Deutschlands durch die Europäische Union................................................................................. 41
   4.0  Die von der EU erwartete Haltung Deutschlands ....... 42
   4.1  Die EU Mitglieder blicken auf die Bundesrepublik..... 43
   4.2  Die Bundesregierung als Sparkommissar der EU ...... 53
   5.0  Gliedstaatlicher Föderalismus im Staatenverbund der EU................................................................... 55
   5.1  Kooperation in den einzelnen Bundesländern ......... 55
   5.2  Die integrativen Entsprechungen der Gewaltenteilung ...................................................................... 56
   6.0  Kommunikation: Festnetz und Handy ..................... 57
   6.1  Sicherheit im Datenschutz ....................................... 59
   6.2  Abwehr der Ausspähung ......................................... 60

III. Der Einzelne in der neuen Gesellschaft ...................... 63
   7.0  Arbeitsjahr im Wechsel mit Urlaub........................... 64

| | | |
|---|---|---|
| 7.1 | Jährliche Flucht in den ausländischen Urlaub | 66 |
| 7.2 | Das Ritual jugendlicher Unschuldserinnerungen | 67 |
| 8.0 | Die „Staatsräson" des Holocaust-Erbes | 69 |
| 8.1 | Die Verdrängung von Schoa-Schuldgefühlen | 70 |
| 8.2 | Nicht Mitreisende bleiben zu Hause | 73 |

IV. Weitergabe des Deutschtums unter neu-europäischen Bedingungen unserer Zeit ............ 75
    9.0 Kontrast: der französische Code Civil bestimmt, wer als Franzose gilt ............ 75
    9.1 Wer ist nach dem Staatsangehörigkeitsgesetz Deutscher? ............ 76
    9.2 Was tut ein Deutscher zivilrechtlich als EU-Bürger? ... 77
    10.0 Staatliche Nachwuchsförderung im öffentlich-rechtlichen Auftrag ............ 79
    10.1 Der privat-rechtliche Status der Studenten ............ 80
    10.2 Die Bafög-Rückzahlung ............ 81
    11.0 Fußballspiele und Nationalhymne ............ 81
    11.1 Die fan-gemeinschaftliche Zurschaustellung ............ 85
    11.2 Der Neu-Nationalismus im Wettbewerb ............ 86

V. Die deutsche Sprache als privat-rechtlich nicht geschütztes öffentliches Kommunikationsmittel ............ 87
    12.0 Europaspraches Deutsch in der EU ............ 89
    12.1 EU Wahlen und Bundestagswahlen ............ 90
    12.2 Klagen vor dem EU-Gerichtshof ............ 91
    13.0 Deutscher Globalisierungsstress ............ 95
    13.1 Ethnische Neuzusammensetzung der Bevölkerung ... 96
    13.2 Kultur-Folgen des Migrationsvordergrunds ............ 98
    14.0 Kommunikationsmängel in der öffentlichen Sprache 99
    14.1 Gesellschaftlicher Auftrag der Sprachintegration ....... 101
    14.2 Veränderungen an der öffentlichen Sprache ............ 103

VI. Borgen und Bürgen: Einbußen bei der Sprache und
   beim Geld .................................................................... 105
   15.0 Das Berliner-Republik Deutsch aus zweiter Hand ....... 106
   15.1 Fernsehsprache, Synchronstimmen und Gestik.......... 108
   15.2 Ein angeblicher Standard für Zuschauer..................... 109
   16.0 Fremdbürgschaften als verfassungsrechtliches
       Problem ..................................................................... 111
   16.1 EuGH und BVerfG Entscheidungen ............................. 112
   16.2 Opponierungsgrenzen................................................ 114

VII. Zusammenfassung ........................................................ 115

Literatur................................................................................ 119

# I. Einleitung. Die kooperative Europäische Union nach der Wiedervereinigung der Bundesrepublik Deutschland

Wir sollten es wissen: Deutschland ist kein deutsches Land, sondern ein deutschsprachiger Bundesstaat. Seine gegliederte Regierungsform wird im Grundgesetz geregelt. Dieses Grundgesetz ist kein nationales „Grundbuch", sondern eine, Anpassungen unterworfene, juristische Landkarte auf einer Projektion. Sie kann in verschiedenen Maßstäben gedruckt und auch in amerikanischer Übersetzung gelesen werden. Diese ständig angepasste Navigationskarte der Nation verfasst eine bestimmbare Lage und gibt ihr einen politischen Kurs vor. Während man eine Urkunde an die Wand hängen kann, ist eine solche handwerkliche Anstrengung hier nutzlos; sie verträgt auch keinen Goldschnittrahmen. Auf dem Kartentisch müssen vielmehr ständig Kurskorrekturen vorgenommen, und diese auf der Fahrt eingetragen werden. Hier wird ein Lotsendienst vorzuführen versucht. Erwägenswert, ob eine Verfassung, die mehrere Projektionen erlaubt, ja herausfordert, auch wie eine juristische Partitur verstanden und vom Blatt gespielt werden könnte? Die Uraufführung fand 1949 zaghaft statt. Vierzig Jahre später machte die Wiedervereinigung als Einstaatlichung der abermals zu Ländern umgewidmeten Verwaltungsgebiete der absterbenden DDR mit den bundesrepublikanischen Ländern aus der gesamten Bundesrepublik eine verjüngte <Partitur> von Deutschland. Sie wird gegenwärtig von einer Bundeskanzlerin dirigiert. Erfreulicherweise ertönt beim <Anhören> keine Kakophonie, sondern ein neues Orgelspiel der Demokratie, das dort, wo „sich Musik aufbaut zu geistigen Räumen", heute besser klingt als das alte vorher.

Ein ergrauter Emeritierter möchte bei diesem Spiel noch einmal die Zimbelregister ziehen und weil die Jungen und Alten nach Hermann Hesse „die Gesetze nicht mehr kennen", die Stimmendynamik des deutsch-europäischen Verfassungsrechts wiederfinden, also Das heraushören und notieren, was schon Viele versucht haben. Ob mit verständlichem Ténor, bleibt darzustellen. Der Verfasser knüpft dabei an sein Erinnerungsvermögen an. Von 1953 bis 1955 nahm er fünf Semester lang teil am staatstheoretischen Seminar des verehrten Staats- und Kirchenrechtslehrers Professor Rudolf Smend (1882-1975) und empfing an seiner *alma mater* in Göttingen eine Grundausbildung in der Politikwissenschaft, die damals zum öffentlichen Recht gehörte und machte auch Seminarscheine, die nicht trogen, sondern ihn in die Zulassung an eine amerikanische Graduate School trugen.

An sich hätte er bei Smend über Bismarcks Annexionsbegründung als einen Teilaspekt der Bismarck'schen Reichsverfassung promovieren sollen. Ein „Celler Unfall" verhinderte das und hatte den <Cell-Gefallenen> fünfundzwanzig Jahre nach Kanada und den Vereinigten Staaten verschlagen. Als er sich nach erfolgter Sabbatical-Habilitation in Basel bei dem in dieser Stadt geborenen hochbetagten Professor Smend im Frühjahr 1975 zurückmeldete, wurde ihm gütig gratuliert und er somit in den Club alteuropäischer Hochschullehrer aufgenommen, was ihm eine akademische Spätaussiedlung, die 1987 stattfinden konnte, nach Münster bescherte.

Im Geiste Rudolf Smends will daher diese Studie und Ablegerin mehrerer Lehrveranstaltungen in Münster und in Vechta praktisch und undogmatisch in lesbarer Form das politische Zusammenleben in der neuen Bundesrepublik Deutschland registrieren. Das folgende politologische <Werkstück> untersucht das Verfassungsrecht im Sinne Rudolf Smends und der Smend-Schule, weitergeführt hauptsächlich durch Professor Wilhelm Hennis (1923-2012), als ein Integrationsdokument, das sich auf grundrechtliche soziale

Errungenschaften beruft. Es bezieht auch wichtige Entscheidungen des Bundesverfassungsgerichts ein.

Statt aber allein die Funktionsweise der deutschen Demokratie in der modernen Bundesrepublik zu erforschen, soll es hier undogmatisch auf das Erkennen der politischen Prozesse ankommen und sie ins Zentrum der Betrachtung rücken. Diese Sichtrichtung ist <behaviorstisch> ausgerichtet, eine zweite modellhaft theoretisch. Der erste Ansatz geht vom Text als Grundlage aus, der zweite leitet daraus eine rationale Entscheidungshilfe ab. Die erste Betrachtungsweise stellt Werturteile nicht in Abrede, die zweite analysiert vorzugsweise Faktoren. Eine zu weite Trennung beider Ansichten würde jedoch zu Gelehrtengeschwafel führen oder eine Art steriler Flachschirm-Politologie. Verfassungsrecht entschlüsselt meines Erachtens das eigentliche Regiertwerden und die Verwaltung eines Volkes nur dann, wenn es sein gesellschaftliches Zusammenleben verbindlich festzuhalten wünscht. Aufgrund längerer Lehrerfahrung in Nordamerika steht Verf. auf dem Standpunkt, daß der Auslegung eines Gesetzes geholfen wird, wenn man es nicht unübersetzt belässt, sondern eine Übersetzung mitversteht und mithört. Die Auftragsübersetzung des Bundesjustizministeriums ins Amerikanische auf dem Stand von 2010 kann deutschen Verfassungsjuristen behilflich sein.

Zum Verständnis des Verfassungshintergrunds diene zusätzlich ein Übersicht verschaffender Vergleich mit der Weimarer Reichsverfassung. Diese abgekürzt designierte WRV

- rückte die angebliche Volkssouveränität durch Volksbegehren, -abstimmungen und -entscheide zu sehr in den Mittelpunkt
- machte den nicht-demokratischen Reichspräsidenten zum Oberbefehlshaber einer noch nicht demokratischen Armee in einer gefährlichen Krisenzeit
- verwandelte seine Notverordnungen in Sargnägel des Zweiten Reichs

- schwächte die staatliche Ordnung durch eine zu weit gehende Autonomie der Länder
- stärkte die Legislativaufgaben des Reichstags zu sehr und überfrachtete damit wichtige Exekutivaufgaben
- deklassierte in seinem Rechtskatalog bestimmte Grundrechte, z. B. zum Schutz gegen wirtschaftliche <Aufsaugung> und deklarierte gewisse Grundpflichten des Staates zu einer einseitigen „gesellschaftlichen Tüchtigkeit" bei der Erziehung des Nachwuchses
- breitete gegen den Reparationsdruck der Alliierten eine trotzige Gemeinschaftslehre aus
- führte einen bleibenden Fortschritt durch Wahlrecht und Wählbarkeit der Frauen ein
- verteilte die Bildungspflicht auf mehrere Verwaltungsebenen, die im GG wieder zur Ländersache reduziert wurde.

Im Vergleich dazu stellt das GG eine andere Gliederung voran für eine Menschengeneration, deren Lebenserwartung verlängert und um Pflichten entlastet wurde, die der Staat Bundesrepublik übernahm, und deren <basic laws> unumkehrbar gestärkt wurden. Spiegelbildlich zu dieser Grundrechtserweiterung reduzierte sich, was Pflichten angeht, die Stellung des Bundespräsidenten vom 2. Platz der WRV auf den 5. Platz im GG. Entsprechend weniger hat der Bundespräsident verfassungsrechtlich zu sagen. Spricht die WRV in ihrem Zweiten Teil vom Gemeinschaftsleben, so definiert das weiser gewordene Grundgesetz, schärfer formulierend, ein Bündel von Gemeinschaftsaufgaben. Denn an seiner Hauptgemeinschaftsaufgabe ist Weimar bekanntlich gescheitert. Der heroisch posierende, Reichspräsident, Reichskanzler und Führer hatte 1944 verkünden lassen, er wolle das Rumpfreich „heroisch" „retten". Diese Binnenverteidigung misslang, stattdessen gelang die Befreiung von außen. Die beiden höchsten Ämter im Staate blieben ab 1949 weit voneinander getrennt. Heute repräsentiert der Bundespräsident die ganze Republik, während der Bundeskanzler die Richtlinien – ironischerweise ein militärhistorischer Begriff – der Politik bestimmt. Jedoch waren nicht alle Bestimmungen der WRV demokratiegefährdend, sondern manche, z.T. noch ältere Verfassungsteile „flossen in das Grundgesetz ein." Insofern ist Bonn wirklich nicht Weimar geworden, weil darin ein Stück weit <Frankfurter Paulskirche> als Verfassungsutopie erhalten geblieben ist. Das deutsche Verfassungsrecht ist älter als das <Deutsche Reich> formal. Die nächste Erneuerungsetappe Deutschlands bildet die Vereinigung der DDR mit der BRD. Eine Gemeinsame Verfassungskommission empfahl, „mehr Mitmenschlichkeit und Gemeinsinn" in den Grundtext aufzunehmen. Aber diese althergebrachte, hausbacken klingende Aufforderung „wurde nicht in das Grundgesetz aufgenommen."

Durch den gleichzeitig erfolgenden Beitritt und eine Wiedervereinigung zweier deutscher Staaten, die für einander nicht Ausland waren, wurde sowohl eine staatliche Einheit hergestellt als auch der Beitritt der DDR zur BR wirksam. Das war verfassungstheoretisch möglich und verfassungspraktisch machbar, weil die beitretende DDR deutschlandruhendes <Inland> geblieben war. Durch den Akt der Einigung schieden abweichende Standpunkte rückwirkend aus. Dieser staatspolitische Akt mit völkerrechtlicher Wirkung bestätigte die Auffassung, daß das Deutsche Reich zwischen 1945 und 1990 nicht <untergegangen> war, sondern immer einen inneren Fortbestand in sich weitergetragen hatte. Das Bundesverfassungsgericht, das sich in seiner Entscheidung BVerfGE 36, 16 dieser Ansicht anschloss, bahnte jener europapolitischen Veränderung den Weg, auf dem das GG eine erweiterte Geltung und Zuständigkeit bekam und, beitrittsbedingt, geändert werden konnte und durfte.

War es ursprünglich die politische Auffassung der Bundesregierung, durch den Beitritt zur Europäischen Union die Wiedervereinigung in Frieden und Freiheit wachzuhalten und vielleicht irgendwann einmal zu ermöglichen, so musste es jetzt aus Eigeninteresse um eine Erweiterung des neuen Europas gehen, das ebenfalls <wiedervereinigt> wurde. Sicherte die Mitgliedschaft der BR in der Europäischen Union bis hierher den Platz Deutschlands in Westeuropa, so funktionierte der neualte vereinheitlichte Staat dynamischer und transportierte die grundgesetzliche Gewaltenteilung ein Stück weit, wie wir noch sehen werden, in Richtung einer <innereuropäischen>. Der Vertrag über die Europäische Union von Maastricht 1993, den die zwölf europäischen Kernländer abschlossen und ratifizierten, sollte einerseits die gekräftigte und zahlungsbereitere BRD langfristig einbinden und andererseits die Rolle der zwölf staatlichen Regierungen potenzieren. Die wichtigsten Ziele dieses Vertrags von Maastricht in unserem Zusammenhang setzen einen Gemeinschaftsprozess in Gang, um

- "die europäische Integration auf eine neue Stufe zu heben"
- "die Teilung des europäischen Kontinents zu überwinden" und „die Solidarität zwischen ihren Völkern unter Achtung ihrer Geschichte, ihrer Kultur und ihrer Traditionen zu stärken"
- „den Entschluss, eine Währungsunion zu errichten" im Euroraum zu verwirklichen
- „eine gemeinsame Unionsbürgerschaft für die Staatsangehörigen ihrer Länder einzuführen"
- „die Freizügigkeit < – > zu fördern".
- Das Schlagwort, unter dem man dieses Gesetz über eine zukünftige europäische Zusammenarbeit stellen darf, ist das einer staatenverbindenden Kooperation.

1.0 Durch die mehreren Stufen vollzogene Europäische Vereinigung hat sich die europäische Zielbestimmung den Anblick einer Wagenburg gegeben. „Die spezifische Substanz des Staates", die bis 1991 gegolten hatte, hat sich nach der neuen Staatenzielbestimmung von 1992 ab entschieden geändert. An dieser Stelle muss jetzt geprüft werden, ob und wie die vorherige mit der jetzigen gesellschaftspolitischen Ordnung „unter Achtung ihrer Traditionen" zusammenpasst. Dürfen wir überzeugt sein anzunehmen, daß die neu-alte gemeineuropäische <Heimat> wieder sichtbar wird? Jetzt kommt es auf den Durchblick an: „Die Ordnung ist nichts, das Ziel ist alles" (W. Hennis); wobei Verf. das „nichts" in „sekundär", und „das Ziel" in „das Erreichbare" abwandeln und somit einordnen möchte. Politik ergreift als bewusste Unter- und Überordnung von Prioritäten staatsgeeignete Maßnahmen und darf nicht in „Vielversessenheit" ausarten. Wen erfreuen nicht die in den Einzelländern mit künstlerischer Gediegenheit geprägten Euronoten und Euro Münzen (unter Beachtung ihrer Kultur auf der Rückseite) im Zahlungsverkehr? Wer heißt die gefallenen Binnengrenzen als Erleichterung beim Verkehr nicht willkommen? Nun sind die Europäer wie auf Vogellinien reisebereit.

Dieser Maastrichter Vertrag stellt die gewonnene Europäische Union auf drei Säulen, die der Vertrag von Lissabon umbauen und ergänzen und damit überwinden wird: erstens, die Europäische Gemeinschaft selbst, zweitens, eine gemeinsame Außen- und Sicherheitspolitik, und drittens, die Organisation einer engeren Polizei- und Justiz-Zusammenarbeit. Diese drei Säulen sind übereinander vermauert und untereinander verbunden, und zwar erstens, durch Vereinheitlichung, und zweitens, durch festere Stabilisierung, und drittens, durch Konversion und Ergänzungen. Die wichtigsten Mittel bilden dabei der Euro als gemeinsame Währung und die Unionsbürgerschaft mit ihrem Pass. Diese <Versäulung> wurde durch das Prinzip der Einstimmigkeit gefestigt. Das Urteil BVerfGE 89, 155 billigte diesen komplizierten Vertrag 1998 als mit dem Grundgesetz vereinbar, machte jedoch „den deutschen Gesetzgeber, wie er sich die Legitimation dieses Staatenverbundes vorstellte" aufmerksam und ermunterte ihn gleichzeitig, ein diesbezügliches Gesetzgebungsverfahren einzuleiten. Inzwischen ist die Anzahl der ursprünglich sechs Gründerstaaten von 1952 über zwölf und schließlich 27 im Jahre 2007 gestiegen. Leider fehlt Norwegen. Die EU stellt einen eigenen Haushalt auf und bewilligt ihn parlamentarisch, kann internationale Verträge schließen, spricht auf vierundzwanzig verbindlichen Sprachen Recht am Europäischen

Gerichtshof in Lëtzebuerg-Stadt/Luxembourg, trifft erforderliche Grundsatzentscheidungen durch Abstimmung im Europaparlament hauptsächlich in Straßburg/Strassbourg und verwaltet Europa weiterhin durch einen Rat und die Kommission von Brüssel/Bruxelles aus. Schließlich überwacht sie ihre eigene € Währung durch Behörden der Europäischen Zentralbank in Frankfurt am Main.

1.1 Dieser Maastricht Vertrag von 1992 hat den Charakter einer mitglieds-europäischen Verfassung. Sie wurde von den Mitgliedsparlamenten auf abweichenden Zustimmungswegen und auch zu verschiedenen Zeiten angenommen. Die öffentliche Meinung der europäischen Mitgliedseinwohner fiel uneinheitlich aus. Hinter diesen Verzögerungen verbirgt sich das Problem der gewandelten Öffentlichkeit und ein Transfer von Zuständigkeiten. Drei <Verfassungstheoretiker> haben sich vorausschauend und nachfolgend damit näher beschäftigt, Rudolf Smend, sein Schüler, Wilhelm Hennis und der ehemalige Theodor Adorno Assistent, Professor Jürgen Habermas, heute ein berühmter Sozialphilosoph. Nach Smend war das Verfassungsrecht von damals eine geistige und politische Kraft und insofern auch eine materiale Macht des „Rechten und Guten": „Die Integration ist das Grundprinzip der Verfassung"; und damit wäre die Maastrichter Verfassung, mit der auch umgekehrt das Grundgesetz in Einklang gebracht werden musste, ein Verfassungsrecht. Im deutschen politischen Sinne und Bewusstsein sind aber, anders als in der angelsächsischen Tradition, <das Politische> oder die <Öffentlichkeit> geborgte Größen, während das berüchtigte Freund-Feind-Schema des NS-Sympathisanten Carl Schmitt-Dorotic, der gleichzeitig mit Smend als Staatsrechtslehrer hervortrat, anerkannt war und immer noch Anhänger findet. Für Hennis aber „versteckt der Geist sich oft zwischen den Zeilen". Anders Habermas, dessen Habilitationsschrift bei Wolfgang Abendroth, von dem sechs Jahre älteren Hennis als Herausgeber 1962 redigiert wurde. Diese "anstrengende" Fleißaufgabe, die sich mit Kant, Hegel, Marx, [indirekt auch mit Schelling], Abendroth, Adorno, Horkheimer, Lukàcs, Heidegger, Hennis, aber noch nicht Chomsky, auseinandersetzt, will heute nach hohen Auflagen als Demokratietheorie aufgenommen worden sein. In Wirklichkeit hat er seine Kategorienlehre irrtümlich von Tocqueville abgezweigt, der <Demokratie> neben der <Gleichheit> und der <Souveränität> als Grundbegriffe in Kapitel IV seines Ersten Bandes festlegte. Leider kennt Habermas weder die komplette französische noch die modernen vollständigen amerikanischen Ausgaben von Herb oder Mansfield & Winthrop, sondern zitiert nach der veralteten deutschen Übersetzung von Landshut (1954) statt die gegenwärtige deutsche Übersetzung von J. P. Mayer (1979) zu benutzen. In Wahrheit ist die <öffentliche Meinung> bei Tocqueville, wie Habermas nach Landshut meint, gar keine Kategorie und ist diese Übersetzung auch nicht „ausgezeichnet ausgewählt". Diesen Gedankengang führt Präsident Lincoln bekanntlich in seiner Gettysburg Address näher aus und macht ihn dort zum amerikanischen Axiom und Glaubensartikel. Das Diktum auf der Rückseite des Buchs, daß „die Massendemokratien ... das Gebot einer politisch fungierenden Öffentlichkeit ernst nehmen" müssten, klärt den Interessierten begrifflich nicht wirklich auf.

Jetzt erhofft der entnervte Leser von dem jüngst erschienenen Essayband *Zur Verfassung Europas* (2011) weitere Aufklärung. Doch schon der Einleitungssatz entspricht nicht den politischen Tatsachen. Wie bei einer raunenden Präambel bleibt die Wahrheit alsbald auf der Strecke, nämlich, daß sich „die Bundesregierung ... widerwillig ... auf Europa zubewegt." Einem „ordoliberalen Traum" ist diese Regierung nicht aufgesessen, sondern hat im Auftrag ihrer Wählerschaft den Maastrichter Vertrag über die parlamentarischen Hürden gebracht. In Wirklichkeit enthält dieses Habermas'sche Werk nicht éinen Essay (so der Untertitel), sondern vier wiederabgedruckte und einen neuen 58seitigen von insgesamt 130 Seiten. Das Kernstück steht auf neun Seiten in S. 39ff. Auf der Werbeklappe hinten wird verkündet: "So ein Niveau entzündet".

Bei diesem Verf. hat das Feuerwerk wegen seiner Beliebigkeit aus angehäuften Stilblüten ohne Nebensätze, aus Partizip Präsens stark aufgeblähten Adjektiven, doppelten Adjektivketten eine Gegenreaktion der Erkaltung ausgelöst. Denn dese Eigentümlichkeiten machen eine Lektüre mühsam. Die Verfassung Europas im doppelten Sinne soll zu tun haben mit „Wettbewerbsfähigkeit drastisch auseinanderdriftenden nationalen Ökonomien"? „Die deutsche Bundesregierung ist zum Beschleuniger einer europaweiten Entsolidarisierung geworden ..."? "Der kopflose Inkrementalismus verrät das Fehlen einer weiter ausgreifenden Perspektive"? Begriffe werden wie bei Heidegger in *Sein und Zeit* auf jeder Seite anders verwendet und erschlaffen ob ihres vorgetäuschten Tiefsinns. Was heißt schon „die zivilisierende Kraft der demokratischen Verrechtlichung"; oder, „die Palette der wettbewerbsrelevanten Politiken ...; oder „...das Verhältnis des souveränen Staates ... blieb von den normativen Fesseln der demokratischen Verrechtlichung" <verschont>; oder „Unmittelbar richtet sich die Domestikation zwischenstaatlicher Gewalt auf eine Pazifizierung der Staaten;" oder „... die durch nationale Grenzen ungerührt hindurchgreifenden systemischen Zwänge" ließen sich „zähmen"? Ein wirklich klarer und daher einleuchtender Satz findet sich auf S. 47: „Zum einen ordnen sich Nationalstaaten dem supranational gesetzten Recht unter; zum anderen teilt sich eine Gesamtheit von Unionsbürgern die verfassungsgebende Gewalt mit einer begrenzten Zahl von <verfassungsgebenden Staaten>, die von ihren Völkern ein Mandat zur Mitwirkung an der Gründung eines supranationalen Gemeinwesens erhalten."

Abgesehen von dieser Zielvorstellung, herrscht wegen der grassierenden Weitschweifigkeit, die an Adornos und Horkheimers ideologieverdächtige Frankfurter Vorlesungen von 1952 erinnern, der „Nebel einer austarierenden Gegenaufklärung". Vor allem ist die Hauptthese trotz ihres Kant'schen Anklangs an den *Ewigen Frieden* eine unrichtige Utopietheorie, es handele sich um das ... „systemische Zusammenwachsen einer multikulturellen Weltgesellschaft, die Fortschritte blockier<e> in der verfassungsrechtlichen Zivilisierung der staatlichen und gesellschaftlichen Gewaltverhältnisse" (Umschrift des Verf. nach S. 44). Die einzelnen Vertragsabschnitte sind auch keine „Puzzlesteine", die sich „... zu einem konstruktiv entworfenen Bild einer globalen Verfassungsordnung zusammensetzen". Der bekannte Sozialphilosoph Professor Habermas ist nicht imstande, die Verfassung und die Verfasstheit Europas in einen sachlichen Zusammenhang verständlich einzurücken. Wer Verträge formal unjuristisch als supra-nationales Weltrecht liest, führt seine Leser in die Irre.

Als Zwischenergebnis sei festgehalten: dem nicht parteilosen oder nicht unabhängigen Rezensenten in der FAZ v. 20. 11. 2011 des Habermas'schen Essays, Stefan Müller-Dohm, dem Verfasser eines 600 Seiten starken Rückblicks auf Habermas Leben im gleichen Verlag, ist meine Gegendarstellung vorzuhalten:

- Habermas gelingen wenige Gedankenexperimente; <public sphere> bleibt umstritten
- Er mag ein <public intellectual> sein, aber er vertritt keine klare Verfassungstheorie
- Er wird keinen weiteren Einfluß auf unsere Mentalitätsgeschichte nehmen
- Er ist auch kein Demokratietheoretiker wie Tocqueville, den er nicht verstanden hat
- Es handelt sich nicht um einen ergiebigen politik- und rechtswissenschaftlichen Essay.

Die Kunst des Verstehen-Könnens verkümmert dann, wenn der Lehrmeister wie hier zwar über eine Weltläufigkeit verfügt, nicht aber eine durchkomponierte Denkbewegung vorführt, die seine Leser nachvollziehen können, und von der der einstige Habermas' Lehrer, Adorno, als Essayist forderte, sie habe „die musikalische Logik" zu „streifen". Damit kehren wir zu unserem Ausgangspunkt zurück. Das Wesentliche am Maastrichter Vertragswerk ist nicht nur die vertikale, sondern auch die horizontale musikalische Logik, die sich auf- und absteigend (wie von einem Notenblatt abspielbar) erfüllt. Die Harmonie muss zwischen den Mitgliedsregierungen untereinander und von Brüssel aus in den anderen Hauptstädten umgeschrieben werden. Es können auch Entscheidungen des Bundesverfassungsgerichts und des Europäischen Gerichtshofs unvereinbar dastehen und müssen neu abgestimmt werden. Die Europäische Union ist nicht ein perfektes Instrument, sondern eher wie eine schwierige Partitur, die so viele Mitglieder nicht gemeinsam, ohne zu üben, vom Blatt spielen können. Da gesetzeskräftige Dokumente vorliegen, die parlamentarische Kontrollen passierten, darf von ihnen auch eine europäische Gesetzestreue verlangt werden. Das zustande gekommene Gesetz mit einigen Ausführungsbestimmungen fällt unter die völkerrechtliche Generalklausel „pacta sunt servanda". Wie diese freiwillig nacheinander eingegangenen Gesetzesvorschriften angewendet werden müssen, ist ein verfassungsrechtlich langwieriger Prozess. So wie heute in der Rechtswissenschaft Präambeln nicht mehr als unverbindlich angesehen werden, sondern einen Wahrheitsgehalt anmahnen, so verwirklicht sich hier und jetzt eine Solidarität zwischen kleinen und großen Staaten in einer Grundrechtscharta, die für alle gilt. Sie ist weder stillstehend, noch steril, sondern, weil kooperativ, dynamisch und insofern optimistisch defizitheilend. Das Staatenziel soll Mißstände beheben und Vor- und Nachteile durch Abwägungen ausgleichen. In diesem Sinne wird unsere Untersuchung fortgesetzt.

Knapp sechzehn Jahre nach dem Vertragsabschluss von Maastricht mussten die inzwischen eingespielten Vertragspartien ergänzt und umgeschrieben werden. Dieser neue Vertrag setzt das alte Vertragswerk nicht außer Kraft. So kommt es 2007 unter portugiesischer Ratsherrschaft zu dem völkerrechtlichen Grundlagen-Reformvertrag von Lissabon, der wegen politischer Hürden erst 2009 in Kraft treten konnte. Stark gerafft, institutionalisiert dieses staatenvertragliche Abkommen eine verstärkte politische Zusammenarbeit. Sie darf auf der Zeitachse mit verschiedenen Tempi gespielt werden, so daß eine zeitlich abgestufte, schnellere oder langsamere Zusammenarbeit festgehalten wird. Der Vertrag von Lissabon erlaubt also eine abgestufte Integration in Fällen, wo politische Vorhaben nicht von allen Mitgliedern mit gleichzeitigem Einsatz umgesetzt werden können. Diese Wirkung kann erzielt werden, weil die nationalen Parlamente, auch ausgewogen durch das Amt eines neuen Ratspräsidenten, stärker eingebunden werden dürfen. Zeitgleich wird aber die Grundrechtscharta verfestigt. Die Beitrittskriterien vor allem bei der Einhaltung von Menschenrechten in beitrittswilligen Staaten werden verschärft. Nach zehnjährigen Anstrengungen, so sei hier vorgreifend angemerkt, gelang es Kroatien im Sommer 2013, der 28. Mitgliedsstaat geworden zu sein. Die Tür zum Balkan hat sich geöffnet. Moldavien und Georgien sind eingeladen. Lettland hat soeben den Euro eingeführt.

Wesentlich ist allen Neuerungen die Straffung der Entscheidungsbahnen und -verfahren, die sich auf die Rechtsstaatlichkeit beziehen und auswirken. Praktisch ändert sich für den renovierten EU-Bürger das Deckblatt seines EU-Bürger Passes. „Gemeinschaft" wird zu „Union" abgeändert; die Reihenfolge der eingetragen übersetzten Sprachen ist jetzt alphabetisch. Das Englische wird nun nicht mehr zuerst genannt. Die Behördenkennzahl eröffnet die Passnummer, die sich laufend ändert und durch eine Prüfziffer zehnstellig geworden ist. Die Visa in die USA erfordern ein genau vorgeschriebenes zweites Passfoto. Auf die Frage eines Immigrationsbehördlers, ob ich einen US-Zwillingsbruder hätte, antwortete mein alter Ego scherzhaft mit „ja". Dies schien auf ihn kompetenzsteigernd zu wirken, so als besäße man im Ausland einen eigenen Innenminister und im Inland einen eigenen Außenminister.

1.2 Viele Aufgaben des alten Europäischen Rats blieben seit Lissabon unveränderlich; die Zielvorstellung änderte sich nicht, sondern erhielt sich niveaugleich unionseuropäisch. Ein Katalog der <Kompetenzabgrenzung> ist aber jetzt gebündelt, statt wie vorher über das ganze Vertragswerk verstreut zu sein. Wie in den Einzelstaaten verwendet die Europäische Union gemeinsame Symbole wie die blau-goldene Europaflagge und Beethovens Hymne an die Freude. Ihre eingespielte Verwendung erfolgt weiterhin gewohnheitsrechtlich, da der Vertrag von Lissabon, anders als vorher, ausdrücklich auf suprastaatliche Verfassungszeichen verzichtet hat. Sie störten die Briten. Man könnte das Thatcher-Diktum „Give me back my money" in „hand me back your symbols" abändern. Sehr wichtig für unsere Untersuchung ist das Manko eines Rückziehers, was den Oberbegriff „Verfassung" angeht. Ebenfalls mit Rücksicht auf verfassungszögerliche Mitglieder wurden zutreffende Oberbegriffe absichtlich ausgetauscht. Hieß es bis Maastricht: Verfassung, Außenminister, Europäische und Rahmengesetze, so heißt es ab Lissabon: Vertrag, Hoher Vertreter, Verordnungen und Richtlinien. Diese Flexibilität der Begriffe, wie auch althergebrachte Elemente, verdankt die EU der deutschen Ratspräsidentschaft in 2007. Interessanterweise nahm das Europäische Parlament selbst an der Abstimmung nicht teil. Es sei erwähnt, daß das House of Commons während einer Labour Regierung mit 311 zu 248 knapp gegen den Wunsch der konservativen Opposition stimmte, ein Referendum zuzulassen. 2008 stimmte der Bundestag diesem Vertrag mit 515 Ja-Stimmen überwältigend zu. Einen Monat später „ratifizierte auch der Bundesrat" dieses Gesetz. Das Bundesverfassungsgericht entschied in der Hauptsache ebenfalls positiv zustimmend. Es bleibt das alte Rechtsproblem zu enträtseln: gilt das Gemeinte (nach der Fassung von Maastricht) oder das Gesagte (nach der Fassung von Lissabon)? Ein weiteres deutsches Anpassungsgesetz sollte diese Diskrepanz genauer überbrücken. Es heißt, nach Rechtsklarheit stochernd, 2008 <Integrationsverantwortungsgesetz>. Obwohl es „contract" heißt, ist „constitutional contract" gemeint. Aus dieser englischen Formulierung ergibt sich auf vergleichender Basis, daß hinter dem Gesagten (im Abänderungsvertrag von Lissabon) die von der Europäischen Union gemeinte Realität (nach Maastricht) weiterbesteht. Ziel dieser Weichspülung war es, die Briten bei der Stange zu halten. Verfassungsrechtlich besteht nicht ein Malus, sondern trotz nachgebender Formulierung Einverständnis, getragen von einer absoluten, wahrscheinlich sogar einer Zweidrittelmehrheit. Wir haben es nach wie vor mit einer kooperativen Verfassung zu tun, die allen Auslegungsschwierigkeiten zum Trotz wegen ihrer Dynamik auch im angelsächsischen Sinne funktioniert. Die Texte haben sich in der Notierung verändert, das Staatenziel der Harmonie bleibt.

Für die deutsche Regierung war diese durch Rücknahme entstandene Lücke zwischen dem gesagten „Vertrag" statt der gemeinten „Verfassung" weniger ein Problem. Denn in der angepassten Verfassung der BRD heißt es nach Vollendung der Wiedervereinigung in der neuen Präambel weiterhin (gewissermaßen permanent vorläufig) „Grundgesetz" statt „Verfassung". Die ursprünglich für alle maßgeblichen drei Gründe des Parlamentarischen Rates, das Nichtbestehen völliger Handlungsfreiheit, der zeitlich vorläufige Charakter und die Beschränkung auf das Notwendige (so der Kommentator Hesselberger) lassen sich auf die Abänderungsverfassung von Lissabon in etwa übertragen. Wegen der erwünschten britischen Mitgliedschaft springt ein Hilfsbegriff in die Bresche. Der immer noch vorläufige Rechtscharakter der Europa Union ergibt sich zeitlich durch Zulassung qualifizierter Mitglieder, die bestehende Mitgliedserweiterung und die Vermeidung unerträglicher Querelen. Durch den Wegfall des alten Art. 23 wurde dieser Verf. an das altbekannte Zitat [aus dem Jahre 1847!] „Ein Federstrich des Gesetzgebers – und alles ist Makulatur" erinnert. Es stammt nicht zufällig von einem bienenfleißigen Außenseiter, dem ehemaligen Staatsanwalt Julius H. von Kirchmann (1802-1884), einem glänzenden Musiker, der nebenbei gesagt, seine Zunftgenossen für „Würmer, die nur in faulem Holze wühlen" hielt. Für den Verf. ist er ein alter Bekannter, weil Kirchmann Hugo Grotius *De Jure Belli ac Pacis* ins Deutsche übersetzte und 1869 herausgab, die der berühmte Verfassungsjurist Walter Schätzel 1950 passagenweise abkupferte. In seiner eigenen Einführung begeht dieser Plagiator die unakademische Unverfrorenheit, seines geistreicheren Vorgängers Übersetzung als „wenig schön" zu bezeichnen. Nun also, durch den Federstrich fällt der altgediente Art. 23, dereinst zum „Königsweg zur Wiedervereinigung" erklärt, weg. Der Gedankengang taucht in der neuen Präambel wie eine militärische Meldung als „vollzogen" wieder auf – ist also nicht ersatzlos gestrichen. Nun hat sich „das Deutsche Volk kraft seiner verfassungsgebenden Gewalt" dieses Grundgesetz abermals gegeben. Während der Vereinigungsvorgang als solcher unumkehrbar bleibt, sieht der Europäische Verfassungsvertrag eine Austrittsmöglichkeit solcher Mitglieder vor, die nicht mehr mitziehen wollen oder permanent vor dem Bankrott stehen. Salopp gesprochen, Europa ächzt nicht unter politischer Arrhythmie, sondern atmet unbekümmert volljuristisch.

Die Brüsseler Zentralverwaltung trägt durch die politische Bildung der deutschen Staatsbürger hierzulande Entscheidendes bei: sie schärft das Demokratieverständnis durch Einführung einer vergleichenden Perspektive und stärkt die Solidarität mit anderen Kulturen und Systemen. Die Vereinigung Deutschlands hat uns Deutschen genützt und das friedlich zusammenarbeitende Europa vorangebracht. Tmesisartig erscheinen die beiden Glieder, Staatsvereinigung und Kontinentsvereinigung, von einander getrennt zu sein; in Wirklichkeit sind sie aufeinander bezogen und prägen sie sich als zwei Seiten einer Medaille ab. Nur für griesgrämige Allzeit-Skeptiker ist die Europäische Union eine bedrohliche Herausforderung zur nationalen Aufheizung und zum Zwist. „Auf stürmischen Bahnen" wird es die europäische Jugend schon richten. Unsere ist dabei.

2.0 Als von mehreren Hilfszahlungen an andere Hauptstädte und deren Banken berichtet wurde, konnte eine Verunsicherung normaler deutscher Steuerzahler nicht ausbleiben. Aus dieser Irritiertheit an sich pro-europäischer Deutscher ergeben sich mehrere Fragen.

2.1 Die Erstverunsicherung entstand durch den Wechsel der Währung. Die D-Mark war stark und angesehen, die angeschlossene DDR Wirtschaft hatte sie durch Währungsunionsvertrag, der schon im Juli 1990 in Kraft trat, auch übernommen. Diese gemeinsame deutsche Landeswährung wurde nun, entsprechend den anderen EU Mitgliedsstaaten, per 1. Januar 2002, vor mehr als elf Jahren, in der Bundesrepublik eingeführt. Die Verunsicherung muss in den neuen Bundesländern noch größer gewesen sein als in den alten und stabileren. Im Osten wie im Westen hielt sich bald hartnäckig das Gerücht und der dazugehörige <slogan> „Euro-teuro!" Allerdings etablierte sich eine leichte Teuerung bei landwirtschaftlichen Produkten, vor allem Gemüsesorten, aber auch beim Kaffee und beim Benzin. Statistisch bewiesen konnte es nicht werden, daß die Preise der Lebenskosten „in die Höhe schossen". Aber im Supermarkt empfanden das die Verbraucher oft so während der Neuerungsjahre. Man rechnete noch jahrelang um. Trotzdem darf man auch nicht übersehen, daß eine gewisse Verunsicherung durch einen unfreiwilligen Warenausfall entstand, der schon ab der Wiedervereinigung sich in den neuen Bundesländern bemerkbar machte. Neue Geschmacksrichtungen, z.B. bei Gewürzen, verbreiteten sich allgemein und rasch. Die Centmünzen waren noch kleiner als die Pfennige (die es schon im Mittelalter gegeben hatte); der Währungsumtausch entfiel an den Binnengrenzen der EU. Die neuen Pässe galten grundsätzlich „für alle Länder". Aber nicht nur Massen von Reisenden waren willkommen, sondern Unternehmen aus Deutschland suchten in den währungsverbundenen Nachbarländern erfolgreich nach Kooperationen. Und sie wurden fündig. Ab 2004 traten weitere elf Mitglieder der Union bei, als erstes Balkanland Hrvatska, einst bekannt als Kroatien an der Adria und Grenzland zu dem nicht zur EU gehörenden Staat Bosnien als bisher letztes. Der nachhaltigste Veränderungsbereich ist die gemeinsame Agrarpolitik mit Ausgleichs- und Förderungszahlungen.

Die EU kann nicht selbst Steuern und Abgaben erheben. Ihre Einnahmen fließen der EU als nationale Mehrwertsteuern und aus

Beiträgen der Mitgliederstaaten zu, deren Höhe sich nach dem Bruttosozialprodukt des betreffenden Landes richtet und bemisst. Die EU verfügt über keine <Ertragskompetenz>; sie darf und kann sich daher nicht verschulden. Insofern braucht ein Bundesbürger als europäischer Deutscher sich nicht verunsichert zu fühlen. Denn auch die Ausgaben der EU werden streng kontrolliert. Der wichtigste Ausgabenteil betrifft die gemeinsame Agrarpolitik für europäische Landwirte (die Großbetriebe zuvörderst), die 78% des gesamten Budgets betragen. Und die für landwirtschaftliche Betriebe Standards setzt. Städte kommen zu kurz. So bezieht sich die Verunsicherung der Deutschen im engeren Sinne auf die Maße von Bananen, Gurken, Eiern, u.ä. Die numerische Höhe des Gemeinamen Haushalts macht nur wenig mehr als 1% der Nationalbudgets aus, ist also wesentlich kleiner als allgemein angenommen. Wiederum ändert sich das Staatsziel nur wenig. Eine Ausnahme bildet die Umweltverschmutzung, konkretisiert im $CO_2$ Emissionshandel, wo sich das Staatsziel zum Staatenverbundsziel erweitert und wandelt. Diese Änderung wurde in Karlsruhe als grundgesetzkonform angesehen und langfristig als „juristische Konstruktion" für eine legitime Handelseinnahme angesehen. Diese vom Grundgesetz angestrebte Staatszieländerung verunsicherte zeitweise den nationalen PKW Fahrer. Eine niedrige Pro-Kopf-Belastung führt absichtlich zu einer Wohlfahrtsumverteilung zwischen reicheren und ärmeren Ländern. Deutschland ist zwar der größte Nettozahler, schießt jedoch pro Kopf weniger als Luxemburg zu. Es gibt neben Großbritannien (seit 1985) auch noch andere Empfänger von sog. Nationalrabatten, wie z.B. Österreich. Die EU setzt sich grundsätzlich nur für nachhaltige Entwicklung ein. Es gab auch rückwirkende Nachzahlungen, von denen Polen am meisten profitierte. Das Logo des Europäischen Rechnungshofs in Luxemburg lautet CURIA RATIONUM. Er betreibt mit wissenschaftlicher Akribie die Kontrolle einer integrierten Verbundsrechnung. Seine Bilanzmethoden werden bereits in der Schweiz und Österreich verwendet, nicht aber beim Bundesrechnungshof in Bonn, wo noch mit Soll und Haben bilanziert und entsprechend große Verschwendung beobachtet wird. Eine Belastung kommender Generationen ist in Luxemburg wie in der Schweiz, Österreich und den beiden Bundesländern Bremen und Hamburg nicht vorgesehen oder erlaubt. Wahrscheinlich wollten die Hansestädte nicht in den historischen Fehler verfallen, wie beim Niedergang der Hanse, als sie die neue Buchführung aus Oberitalien nicht übernehmen wollte. Deutschland profitiert von der großen Anzahl niedrig bezahlter Schwarzarbeiter. Darüber sind nicht alle wahlberechtigten Bundesbürger als Volksparteienwähler nachhaltig genug erregt.

Eine allgemeine Verunsicherung der Bundesrepublikaner als europäische Deutsche wurde in der Zwei-Plus-Vier Konferenz, welche die neugewonnene Souveränität an Stelle eines Friedensvertrags anerkannte, vorausgesehen. Das Deutschland, was diese Konferenz begann, war zum glücklichen Ende nicht mehr der gleiche Staat, sondern auf einer höheren Ebene ein zwar überwachbarer, aber auch gewürdigter Teil Europas. Es wurde vorausgesehen, abschließend geregelt und <festgeschrieben>, daß ein territorialer Teilverzicht auf ehemals deutsches Staatsgebiet östlich der Oder-Neiße Grenze endgültig sein müsste. Deutschland als Eingangsvertragspartner war ironischerweise 1939 im Geiste kleiner als nach dem Abschluss von 1991. Diese Reduktion, deren Verlust als Angriffsfolgelast einsetzte, musste den älteren Teil der Bundesbürgerschaft, der aus dem <Osten> stammte, trotz des halbvergessenen Lastenausgleichs menschlich verbittern und politisch verunsichern. Die Bundesregierung erlangte aber gerade durch diesen Verzicht ihre integrative Teilhaberschaft als souveräner Part Europas zurück. Da es im Anklang an Erinnerungen an den Versailler Vertrag von 1919 keinen Friedensvertrag und keine Reparationen mehr geben sollte, bildet der Zwei-Plus-Vier Vertrag als diplomatisches Meisterstück, wie mein münsterscher Kollege, Professor emer. Wichard Woyke, 2004 präzisierte, „das außenpolitische Grundgesetz des vereinten Deutschland". Hier haben wir einen im Sinne der Integrationslehre angemessenen Neologismus. Die Integrationskraft der endgültigen Befreiung von besatzungsrechtlichen Fesseln, die Verleihung der wiedergewonnenen Souveränität, und die letztlich auf französische Anregung zurückgehende Einbindung in die EU klären die Stellung des Deutschen europäisch. Dámit muss auch der Fluch der Kriegsschuld abgegolten sein, damít die Verunsicherung einer Sicherheit weichen konnte. Die Einigung auf eine völkerrechtlich anerkannte Souveränität ganz Deutschlands nach außen verbindet sich mit einer Vereinigung Neu-Deutschlands nach innen. Damit verliert die politische Isolierung ihre Basis und gewinnt die Verunsicherung ihr glückliches Ende. Wie viele Milliarden der Abzug der Alliierten Truppen aus Deutschland, vor allem der Roten Armee aus der ehemaligen DDR, und ihre Wiederansiedlung in der verfallenden Sowjetunion bis 1994 gekostet haben wird, liegt außerhalb unseres Themas. Beide <Grundgesetze>, das innenpolitische wie das außenpolitische, verlieren über solche Kleinigkeiten kein Wort. Zahlenangaben klingen so unpoetisch wie Rechnungen. Erst die Verträge von Maastricht und Lissabon vermerken mit europakommissarischer Genauigkeit die im Vergleich zu den angerichteten Kriegsgräueln leichte Bürde der Beitragszahlungen. Der europäische Deutsche hat den aufrechten Gang wieder erlernt und in der Europäischen Union, militärhistorisch gesprochen, „wieder Tritt gefasst". Besser würde man sagen, er habe, sinfonisch gesprochen, den Einsatz wieder getroffen. Diese erfreuliche Zugehörigkeit im Sitz des Orchesters statt bloß „in Reih und Glied" stehend, schenkt dem Bundesbürger, seinen Kulturleistungen angemessen, letztlich wegen „Wir sind das Volk" die eigene Identität zurück. So dürfen der heutige Bundesbürger und die Bundesbürgerin, wie ihre dänischen, österreichischen, polnischen und französischen Nachbarn, mit Spannung in die Hymne „An die Freude" einstimmen. Der Mißklang Europas im Kalten Krieg ist mit einem heißen Frieden vertauscht und, was Deutschland in Europa angeht, endgültig überwunden worden.

2.2 Seit dem Vertrag von Lissabon hat die EU eine eigene Persönlichkeit des öffentlichen Rechts, die für Deutsche wie für andere Mitglieder überstaatliche Wirkungen zeigt und bisherige Deutsche zwischenstaatlich einordnet. Als Europäer haben die Deutschen, ohne es groß zu merken, Befugnisse abgegeben, nicht aber bei der Dienstausgabe eines Passes von der Bundesdruckerei in Berlin, der „Eigentum der BRD bleibt". Merkwürdigerweise begründet der Reisepass nur außerhalb Deutschlands, daß der Inhaber deutscher Staatsbürger ist, nicht so gegenüber inländischen Behörden. Hat man keine Staatsangehörigkeitsurkunde, so kann man in Zweifelsfällen in unpässliche Schwierigkeiten geraten. Einen Zwillingswitz vor einem humorärmeren deutschen Beamten zu machen, erscheint dem Verfasser nicht empfehlenswert. Wir erkennen, daß die überstaatliche Wirkung eines deutschen Passes im Ausland die innerstaatliche Gültigkeit des Personalausweises, der im Pass eingeklebt steckt, die im Inland nur identitätsvermutend ausfällt, im Ausland staatstragend übersteigt. Daher steckt der Personalausweis im Pass und nicht umgekehrt. Der Passausweis übt eine Schutzfunktion aus und verleiht dem Inhaber Rechte, die der Personalausweis für sich allein nicht aufweisen kann.

Seit vierzig Jahren werden im nummerierten Eurobarometer der Europäischen Kommission durch repräsentative Telefonumfragen bei ca. 30.000 EU Bürgern Reaktionen und Einschätzungen erfragt. Grundproblem: nicht mehr als 3 % aller EU Bürger verlassen ihr Heimatland mit einem Personalausweis, um in einem anderen EU Land als ihrem Heimatland zu arbeiten. Sie gehören zu den Fähigsten und reagieren, für das Gastland günstig, positiv auf Schwierigkeiten. Diejenigen, die sich regen, haben Erfolg. Weniger junge Leute als früher verspüren das Talent in sich, auf lange Zeit oder für immer in einem anderen Land als ihrer Heimat ihr Brot zu verdienen. Heutzutage werden Zeugnisse aus anderen EU Ländern leichter anerkannt als früher. Anno Dunnemal musste der Ph.D. des Verf.s von einer Düsseldorfer Behörde mit Namen Kultusministerium für DM 75.00 Gebühr anerkannt werden, um in NRW in vorgeschriebener Form, als hier noch der deutsche Dr.-Titel ein Teil des Namens war, geführt zu werden. Wegen der hohen Jugendarbeitslosigkeit sind der EU Mobilität engere Grenzen gesetzt und das Interesse deutscher Studenten in anderen EU Ländern zu studieren hat notgedrungen nachgelassen, weil es sich kaum noch bezahlen lässt. Da die primäre Amerikabegeisterung auch abgenommen hat, wird die sekundäre Europa Binnenfreundschaft umgekehrt proportional zunehmen. Hat man, wie Verf., lange im angelsächsischen Ausland studiert und gelehrt, erkennt man drüben und als Heimkehrer auf einen Blick, wer Landsmann ist. Ist es das energische Kinn, die ausdrucksvollen Hände oder der Restglanz eines früher sogenannten <Silberblicks>? Sozialwissenschaftlich lässt sich darüber natürlich kein verlässliches Urteil abgeben.

Das Zahlungsmittel, die € Währung, erhält sich ihren spürbar europäischen Ruf. Die meisten Menschen sind, besonders auf ihrem Urlaub, auch wegen mangelnder solider Fremdsprachen Kenntnisse, als Deutsche unmittelbar betroffen. Ausschlaggebend für den deutschen Bürger ist die Gewissheit, die bisher bestand, daß er/sie keine Eurosteuer an Brüssel zu zahlen hat. Diese verfassungsrechtliche Schranke darf die Bundesrepublik auf keinen Fall beseitigen. Beiträge zum EU Haushalt, den der nicht verwandte polnische Kommissar Lewandowski verwaltet, können verhandelt werden, Steuern dagegen werden eingezogen. Dieser Unterschied ist der Öffentlichkeit nicht geläufig genug. Der ermißt die Leistungskraft der deutschen Wirtschaft, wer sich vorstellt, daß der Haushalt der Bundesrepublik das Zweieinhalbfache desjenigen der gesamten EU beträgt. Die Bundesregierung macht den deutschen Europäer für alle anderen Mitglieder verlässlich. Denn der nagt nicht mehr am Hungertuch vergangener Reparationen. Allenfalls weint manch ein älterer Bundesbürger der D-Mark eine Träne nach.

3.0 In Krisenzeiten, wenn alles weggespült zu werden droht, spielen die Symbole eine wichtigere Rolle als im Frieden. Sie entstehen öfter spontan und rücken rasch in den Kanon auf, um nach ein oder zwei Epochen wieder abgestoßen zu werden. Von <Symbol> Redende, ein Wort, das schon der Eindeutscher Philipp von Zesen durch <Sinnbild< ersetzen wollte, scheiterten ebenso wie die Anhänger des norddeutsch klingenden <Wahrzeichens>. Symbole wechseln mit den Zeiten und sind zu keiner Zeit begrifflich eindeutig. Deutschlands Symbole könnte man als künstlerische Pässe der Nation bezeichnen. Das Symbol der deutschen Nachkriegswirtschaftskraft par excellence war die D-Mark. Die bekanntesten deutschen Symbole, mit weiter werdender Tendenz, sind Schwarz-Rot-Gold, der Bundesadler und das Brandenburger Tor. Jedermann würde auch heute noch die Abbildung des Kölner Doms und der Wartburg erkennen. Als militärische Symbole bleiben nach dem Verschwinden des Stahlhelms, des eisernen Kreuzes und der Königin Luise nur noch übrig die Pickelhaube, der Export-Panzer und die Panzerfaust. Musikalisch hören sich Mozarts Eine kleine Nachtmusik, Haydns Kaiserquartett in der Nationalhymne und Stille Nacht, heilige Nacht alt- und neudeutsch vertraut an. Im Maschinenbau produziert <Made in Germany> seit jeher die Spitzenerzeugnisse: VW [einst als Käfer], Mercedes-Benz und BMW. Die Symbolik des Schrebergartens mit dem obligaten Gartenzwerg ist am Absterben, die Kindertagesstätten und Kindergärten mit den kleinen Kindern und Enkeln blühen auf. Martin Luther, Schillers Wilhelm Tell und Goethes Faust würden Realschüler in einer Straßenbefragung wahrscheinlich nicht mehr erkennen oder zu beschreiben verstehen. Für Küstenbewohner sind das Schulschiff <Gorch Fock> und das Laboe Denkmal vertraute Heimatsymbole. Die neueste deutsche Symbolfigur, genannt <Imperia>, die <Hure> von Konstanz, ist zum Wahrzeichen Konstanz' und der Bodenseeregion aufgestiegen. Weil sie auf einem Bahngelände aufgestellt wurde, konnte ihre Einweihung von der katholischen Kirche nicht verhindert werden. Sie stellt eine sagenhafte Dame dar, die auf dem Konzil zu Konstanz mit dem anwesenden Papst und dem Kaiser wie eine altdeutsche Marilyn Monroe geschlafen haben soll.

Allerdings bekam sie von Jedem der beiden ein Kind. Diese beiden hätten nicht verhindert, dachte der Künstler, daß der Rektor magnificus der Prager Universität, Professor Jan Hus, trotz zugesicherten freien Geleits, dort 1415 bei lebendigem Leibe verbrannt wurde. Er ist bis heute kirchlicherseits nicht rehabilitiert worden. Ironischerweise wurde das satirisch gemeinte üppige Damendenkmal im gleichen Jahre eingeweiht, als die höchsten Politiker den Vertrag von Maastricht ratifizierten. Dieses zur Touristenattraktion aufgestiegene Monument übernimmt einen wachsenden Symbolcharakter und stellt das Göttinger Gänseliesl weit in den Schatten.

Nun rückt Europa Deutschland näher; nun bereichert, symbolisch gesprochen, Brüssel Berlin. So wie Brüssel in die Ebene von Brabant ausstrahlt, gibt die Ebene vom Havelland Brandenburg seinen Halt. Beide Städte in gemeinsamem Schicksal, heftig bombardiert von Franzosen und Deutschen bzw. von Engländern und Russen, teilen eine Leidensgeschichte des Wiederaufbaus. Berlin schied als Hauptstadt der DDR aus dem Europäischen Konzert aus, während Brüssel zwischen dem hoch aufragenden Euratom-Denkmal und Egmonts fallendem Haupt seine integrative Funktion auf sich nahm. Das Neunkugel-Symbol <Atomium> erhebt seine Streben und erlaubt seit 1958 bei schönem Wetter vom Panoramaturm einen Weitblick mit lugenden Augen und auswerfenden Händen bis nach Antwerpen. Was aber Deutschland angeht, so liegt Belgiens Hauptstadt auf einer Handelsroute von Brügge nach Köln. Seit der Europäischen Vereinigung wird die belgische Kultur für die deutsche einladender und schmeichelt ihr galant mit Claudels Worten: "Va, tu peux aller, ton pas ne traverse que toi-même" oder auf Flämisch gesagt: „O Brussel; `k heb un hoofdmarkt weer betreden en sloeg mijn oogen rond ...". So wie Berlin Modernes (Bundeskanzleramt) und Restauratives (Stadtschloß-in-spe) zwischen Spree und Havel als Zugang nach Brandenburg einfließen lässt, eröffnen Maas und Schelde (Meuse et Escaut) den Weg in die Wallonie und nach Flandern. In der neuen Hauptstadt werden die beiden wichtigen Kultur- und Handelssprachen Westeuropas, Französisch (oder französisches Platt?) und Niederländisch der flämischen Art, gesprochen. Reich an verzweigter Symbolik beginnt diese Europakultur die amerikanische Gegenkultur aus New York zwar noch nicht ganz einzuholen, geschweige denn zu überholen; sie emigriert jedoch, zusammen mit der deutschen, ironischerweise, heute nicht mehr häufig über den Großen Teich, sondern über den Rhein mit bürokratischem Elan und versucht, in den anderen Hauptstädten den Ton mitanzugeben. Dabei spielen andere Flüssigkeiten eine nicht zu unterschätzende Rolle: angefüllt mit zwei Kästen Stella Artois oder Jupiler erleichtern der gallische Belgier und seine milchig-weiße Flämingin symbolisch an zwei Brunnen Brüssels, dem seit Urzeiten sprudelnden Mannekin pis, und der im Wege der Gleichberechtigung pinkelnden Jannekin pis seit 1985, als drastische Wahrzeichen ihr Bedürfnis. Als Euter Europas füllt Brüssel und seine Europäische Werteverwaltung sowohl die Kassen und kontrolliert gleichzeitig, wie eine Melkmaschine, die Ausgaben aller Mitglieder. Noch immer stimmt Caesars Einschätzung über die Belgier: „fortissimi sunt Belgae!" 1851 wurde als hygienischer Durchbruch das erste Wasserclosett auf der Londoner Weltausstellung gespült.

Die royale europäische Familie von Coburg und Gotha residiert im Brüsseler Schloss Laeken wie auch jenseits des Ärmelkanals im Buckingham Palace. Die eine Teilfamilie firmiert ab dem Ersten Weltkrieg, als <Gothas> London handbombardierten, als <House of Windsor>, die andere erließ vom Palais Royal aus wegen Gewinns von Eupen-Malmedy Deutsch offiziell als dritte Randsprache. Unser europäischer Symbolhaushalt kennt viele Gemächer, Gewänder, Gerüche unter manchen Dächern. Nun sind diese historisch bedingten Komplikationen fast vergessen und es strahlen neue Sterne am angeleuchteten Europahimmel auf. Die Deutschen bemühen sich, scheinen aber überfordert. Tapfer wird mit dem Euro weiter bezahlt; die <Mutter der Nation> hält die Schulden möglichst gering. So erweitert sich der Symbolhaushalt der Deutschen nur zögernd, weil die Anpassungsschritte bis zu Selbstsouveränität reichen mussten. Nun kommt Vieles politisch in Fluss. Man kann zwar im Deutschen nicht <tout le monde> sagen, aber auch das Deutsche hat <volksmäßig> wieder einen ganzheitlichen Namen gekriegt und einen deutschwürdigen Wiederfindungsprozess durchgemacht und gewonnen. Nun muss auch das Französische wieder gegen das Englische, umgekehrt québecartig, ausgetauscht werden, denn Brüssel gravitiert mehr zum Romanischen, das einst Hermann, der Cherusker (anders als Ambiorix, der Eburone) aus dem Hinterhalt kommend aus Germanien (aber nicht aus Gallien) vertrieb, so daß es im Norden immerdar fremder blieb als das näher verwandte Angelsächsische. Jeder Paradigmenwechsel schmerzt. Jetzt kann in Berlin wieder mit dem Hugenottenerbe und der Museumsinsel kokettiert werden und das von München bis Wien verhasste <Tschüs>, Gott sei's zum Gruß, in Richtung Rhein-Main verschallen. Gerne sollten die Neu-Deutschen „der Stadt aus zwei Überlieferungen", Brüssel, symbolisch den Vortritt lassen. Kommt doch schließlich Vertrag von <verdraagzamheid>, wie uns Hugo Grotius lehrte, und die Anpassung, welche von der Mitarbeit an dem EU Vertrag befördert wird, könnte einträchtiger nicht bewältigt werden.

Was die meisten Deutschen nicht ahnen: die vier europäischen Städte mit der höchsten Einwohnerzahl und Berlin, mit 3,4 Millionen an fünfter Stelle, verfügen nicht unbedingt über größere Macht. Deutschland stellt noch drei weitere <Weltstädte> (global cities) auf ihren Platz. Wegen des hier herrschenden Föderalismus verteilen sich die Machtbefugnisse auf verschiedene deutsche Städte anders: Unser Berlin, der Regierungssitz, Frankfurt am Main das Finanzzentrum, München das Technologie- und Forschungszentrum, Hamburg die Hafen- und Handelsstadt. Auf der Rangliste der globalen Städte rangieren Frankfurt und München vor Berlin. Direkt dahinter liegt Hamburg mit 1,75 Mio Einwohnern. Brüssel hat indes größere politische Macht und mehr Gewicht als Berlin, erstens als Hauptsitz der EU und zweitens als Hauptquartier der

NATO. Brüssel und Frankfurt erhalten ein sog. <alpha rating>, München ein <alpha minus>, Berlin und Hamburg ein <beta plus>. Unter den fünf Städten, vier davon deutsche, liegt Berlin also an vorletzter Stelle. Insofern ist es wichtig, daß die Symbolik Brüssels stärker als bisher auf Berlin abstrahlen sollte. Belgier sind, anders als Berliner, vergleichsweise ein Muster an Höflichkeit. Da Köln keine Landeshauptstadt ist und zeitweise Einwohner verlor, hat die Rheinstadt nie als <global city> gegolten. Diese Stadt von 1 Mio E hat den schönsten Grundriß, die ausgeprägteste Lebensart, ist die älteste deutsche Großstadt, die nach römischem Recht ausgelegt und verwaltet wurde und besitzt den ältesten deutschen Zentraldom, der in einem Jahrhunderte langen Bauprozess errichtet wurde. Schon im 12. Jahrhundert war sie die volksreichste Stadt von 40.000 Einwohnern. Köln besitzt 50 Orgeln. Berlin und Köln streben heute eilig nach neuen Staatszielen. Eine spürbare Spannung knistert zwischen dem neurenovierten Reichstag Berlins als Palast der Legislative und dem Bundeskanzleramt als Beton- und Glashütte einer fortschrittlichen Exekutive. Und in Köln stehen Reste der römischen Vergangenheit unerwartet neben moderner Architektur.

3.1 Die legitimen Sicherungsbedürfnisse der jungen Bundesrepublik gegen Gefahren, die sich im Kalten Krieg zusammenbrauten, entwickelten und erweiterten sich ständig und verlangten neue Verteidigungsanstrengungen. Bis 1949 waren die Besatzungsmächte für Verteidigung zuständig und verantwortlich. Dann tauchte wegen Schmuggels und heimlicher Grenzübertretungen plötzlich die polizeiliche Bundesgrenzschutzfrage auf. Sie wurde von Anfang an eine Angelegenheit der Deutschen selbst. Im Koreakrieg konnte dem Problem eines Selbstschutzes nicht länger ausgewichen werden. Sicherheitsfragen mauserten sich schnell zu einer <Bundesangelegenheit>. Generalleutnant Theodor Blank fand sich 1951 zum zweiten Mal nach 1944 in Paris militärisch wieder beschäftigt. Er wurde von Adenauer zum Chef der <Deutschen

Delegation> beim Interimsausschuss für die Organisation „der mit der Vermehrung der Alliierten Truppen zusammenhängenden Fragen" (einer Vorstufe des Bundesverteidigungsministeriums) ernannt, deren Vergrößerung sich im Rahmen der Europäischen Verteidigungsgemeinschaft abspielen sollte. Diese geplante Erweiterung der Europäischen Verteidigungsgemeinschft (EVG) wurde vom Französischen Parlament abgelehnt. Das erste idealistische Feuer verpuffte. Allerdings gelang es einem vermeintlich stadtkundigen deutschen Jurastudenten an der Sorbonne, als Kaminheizer den Herren Heusinger und Dr. Hans Speidel (sprich Speidéll!) früh morgens die Bürokälte in Réaumurgraden zu verringern. Nun steuerte die Bundesrepublik knisternd auf Bundeswehrkurs. Hierbei ging es gleich um die Verpflichtung zur Verteidigung ihres Staatsgebiets. Das Grundgesetz wurde 1968 um Art. 80 a und 87 a erweitert, so daß, außer in Westberlin, neue Zuständigkeiten für den Landesschutz und die Landesverteidigung geschaffen wurden. In zweiter Hinsicht ging es auch um die Verteidigung der Demokratie, wogegen sich die <Ohne Mich> Bewegung vergeblich auflehnte. Bereits 1955 wurde die Bundesrepublik zur Verfestigung der Westbindung in die NATO aufgenommen. Verteidigungspolitik wurde praktisch, wenn auch nicht in jeder Hinsicht theoretisch, eine berichtete Angelegenheit der teilsouveränen Bundesrepublik Deutschland.

Die im Grundgesetz von Anfang an vorgesehene <Friedensstaatlichkeit> nach Art. 26 GG verwandelte sich, umgekehrt proportional, zum Erlangen der Gesamtstaatlichkeit.

Aber nie wurde in diesem doppelten Anpassungsprozess absichtlich eine Verfassungswidrigkeit angestrebt. Durch die Stationierung moderner Massenvernichtungsmittel auf noch westdeutschem Gebiet verschwamm wegen des möglichen Erstschlags die Grenze zwischen Angriffs- und Verteidigungsmaßnahmen. Die Anzahl der Soldaten hat sich verringert, die Schlagkraft moderner Waffen sich erhöht. Es darf dabei nicht vergessen werden, daß ein militanter Wehrdienst ursprünglich grundgesetzwidrig war: auf das Singen der ersten Strophe des alten Deutschlandlieds stand die Todesstrafe, die wir Schüler beim Absingen auf dem Südermarkt in Flensburg 1950 unwissend riskierten, während schon der Dienst von den westlichen Besatzungsmächten eingefordert wurde. Es entwickelte sich ein grundgesetzlicher Schwenk, der zu einem Paradigmawechsel führte. Sollte die deutsche Nachkriegspsyche zunächst von der Patina des militärischen Faschismus gereinigt werden, so galt es fünfzig Jahre nach dem Beitritt zur NATO, die Forderung nach der Wiedervereinigung, die Sicherheit West-Deutschlands auch weit außerhalb der Bundesgrenzen zu verteidigen. Der Schutz vor dem bösen Selbst verwandelte sich zwischendurch zu einer politischen Pflicht und zu einem Schutz vor der DDR und der Sowjetunion. Dieser Wechsel wurde in meinem Abiturjahr bei der Sprengung der letzten Werft nahe dem Elbtunnel sichtbar, in den sich ein Besatzungsoberst als ungefährdet hinein setzte. Der vom Bombenhagel traumatisierten Jugend wurde eine Remilitarisierung vorgeschrieben, die sie nicht begreifen konnte. Diese Zeiten sind längst vorbei. Dazu wird in 11.0 ein Vorschlag unterbreitet.

3.2 die Bundesrepublik wurde also 1955 in die NATO aufgenommen. Sie sollte sich jetzt an <friedenssichernden> Maßnahmen in Deutschland und überall in der Welt beteiligen. Während der Lebenszeit des Verf.s haben sich verbindende Einrichtungen als Kommandobehörden ausgebreitet. Deren Stäbe und Truppen verteilen sich auf ein Landkommando in Heidelberg, auf ein Luftkommando in Ramstein, zwei Luftkommandos in Kalkar und Uedem südlich davon, auf Frühwarnkräfte in Geilenkirchen, auf ein sog, <rapid reaction corps> in Rheindalen und das Deutsch-Niederländische Korps in Münster. Die NATO richtete eine Agentur für Waffenlogistik in Unterhaching, eine NATO-Schule in Oberammergau und ein Luftfahrtskompetenz-Zentrum in Kalkar ein. Von diesen Standorten unterstützt, verbreiteten sich militärische Einsatzvorbereitungen, wo die Waffentechnik auf numerisch kleiner

Flamme ausprobiert werden konnte. Durch einen verfassungsauslegenden <Kniff> wurde dem Art. 87 a, Absatz 2 „Außer zur Verteidigung dürfen die Streitkräfte nur eingesetzt werden, soweit dieses Grundgesetz es ausdrücklich zulässt" eine neue Nebenbedeutung in Art. 24 Abs. 2 angedient, die eine Einschränkung von Hoheitsrechten bei einer Systemteilnahme kollektiver Sicherheitsmaßnahmen erlaubte. Wenn der Bundestag zustimmt, gilt das Unternehmen als grundgesetzgedeckt. Das Parlament verlängert den Aufenthalt von Einsatz zu Einsatz, räumt Vorbehalte ein und aus und macht so die beschlossenen kriegsähnlichen Maßnahmen möglich. Inzwischen handelt es sich um Beschlüsse zur Verteilung der Zusammenarbeit auf verschiedene Einsätze der Bundeswehr, die durchgeführt werden: im Libanon, am Horn von Afrika, im Sudan und Südsudan, in Uganda, in der Demokratischen Republik Kongo, im Mittelmeerraum, in Kosovo, im Grenzgebiet von der Türkei und Syrien und von Deutschland aus. Von 1955 bis 2013 hat die Bundeswehr 3200 Soldaten und Zivilangestellte im Kampf verloren. Hauptsächlich im Zusammenhang mit der Überführung Gefallener in die Heimat tauchen Presseberichte über die eigentliche Ausdehnung dieser Einsätze auf.

## II. Die Einschätzung Deutschlands durch die Europäische Union

Vor der Einschätzung müssen Vergleichszahlen sprechen. Kein einziges Mitglied der EU erwirtschaftet zur Zeit (2013) einen Überschuss. Die Haushalte von Deutschland, Estland und Luxemburg sind nahezu ausgeglichen oder mit einem halben Prozent leicht überzogen. Das Wirtschaftswachstum liegt bei 28 Mitgliedsstaaten relativ eng bei einander. Eigentlich expandiert es nur kräftig in den drei baltischen Staaten Estland, Lettland und Litauen. Irland und Großbritannien verzeichnen ein sehr moderates Wachstum. Die Wirtschaft von Griechenland und Zypern schrumpfen. Die fünf am stärksten verschuldeten Mitglieder sind nach STATISTA Deutschland, Italien, Frankreich, Großbritannien und Spanien. Die Staatsverschuldungen, gemessen am Brutto Inlands Produkt (BIP), fallen ohne verdeckte Verpflichtungen, in den folgenden zehn Geld borgenden EU Staaten zwischen 182 % und 82 % am gravierendsten aus: in Griechenland, Italien, Portugal, Irland, Belgien, Spanien, Frankreich, Großbritannien, Zypern und Deutschland. Nur sieben Länder erreichen bei Standard & Poors eine sog. <Triple A rating> (AAA) Deutschland, Dänemark, Schweden, Großbritannien, Niederlande, Luxemburg und Finnland. Frankreich, Österreich, Belgien und Estland erzielen eine <double A (AA) rating>. Polen, Tschechien, Slowakien und Slowenien werden bei A eingestuft. Irland, Italien, Lettland, Litauen, Spanien, Portugal, Malta, Bulgarien, Rumänien, Kroatien, Griechenland und Ungarn gelten bei einer <Triple B bis einfachem B rating> als riskante Geldborger. Zypern bildet das Schlusslicht mit einer <Triple C rating>. Die <Rating Agenturen> wie Standard & Poors erledigen ein gefährliches Handwerk. Nicht jede registrierte Negativwirtschaft ist durch einen unausgeglichenen Haushalt (und Nachtragshaushalt) verschuldet worden. Nicht jeder Währungsabstieg führt in den Limbus, den Aufenthaltsort der Gläubiger und Peiniger und ihrer Folterinstrumente, wo die wertlosen Eurobonds vor den gefesselten Schuldnern verbrannt werden. Der Sinn des Europavertrags von Maastricht ist es, die europäische Integration (auch die des Vertrauens in die Währung) auf eine neue Stufe zu heben und die Stückelung des Euros bei der Umverteilung des Wohlstands zu wägen und nicht entmutigend oft ständig herabzustufen.

4.0 Es zeigt eine Seite des Erfolgs bei solchen Rettungsmaßnahmen, wenn Deutschland die Rolle eines Exportmeisters volkswirtschaftlich zu spielen genießt, eine andere, ob eine kleine portugiesische Ölsardinen Firma wegen Konkurrenzdrucks aus Hamburg zu Hause bankrott geht oder eine altmodisch produzierende griechische Werft nicht mehr, wie bisher, schmucke Schiffe profitabel auf Helling legen kann. Sollte von Brüssel aus Deutschland eine Zügelung auferlegt werden dürfen? Oder hat ein Rest von einem gymnasialen und lycéeartigen Griechenkult durch Sonderkredite an <Hellas<, das Geburtsland der männlichen Demokratie, eine Rettung schon verheißen? Hier kann nicht auf alle Hebebühnen Europas und ihre Währungstechniken eingegangen werden, sondern nur ein Rundblick auf Deutschlands engere Nachbarn und ihre Blickwinkel auf die europäisierte Bundesrepublik geworfen werden. In dieser Betrachtungsweise werden wir um die Kommilitonen Europas einen geographischen Ring ziehen. Beginnen wir dort, wo wir uns befanden, in Belgien. Es wird dort anerkannt, daß sich Deutschland, der Erste und Zweite Weltkriegseindringling, seiner Verantwortung nachträglich gestellt hat und die Konsequenzen zog. Während noch belgische NATO Truppen (die erst nach 2002 endgültig abzogen) in Deutschland stationiert waren, hatte sich zwischen den beiden Nachbarländern aufgrund des 1956 abgeschlossenen Deutsch-Belgischen Grenz- und Entschädigungsvertrags die Basis zur Zusammenarbeit wieder hergestellt. Seit Jahrzehnten spielt die DEBELUX Auslandshandelskammer eine aktive Rolle in Brüssel und in Köln. Die Früchte eines ständigen Dialogs werden auf den Gebieten des europäischen Schulunterrichts, der vergleichenden Universitätslehre und der gemeinsamen Forschungsaufgaben ‚geerntet'. Deutsch ist zugleich dritte Landes-(Rand)Sprache und dritte Fremdsprache. Die traditionelle West-Ostrichtung der alten Handelsbeziehungen ist in der neuen auch wieder hergestellt. Da Französisch in den BENELUX Staaten gemeinsam die literarische <Übersprache> geblieben ist, gibt es einen literarischen Zusammenhang zwischen den drei Kulturen Belgiens, Hollands und Luxemburgs. Diese Achse wird zwar durch Rückeinfluss Brüssels auf Paris gestärkt, hat aber in der unionseuropäischen Verwaltung den Nachteil, um eine Gleichbehandlung mit dem Englischen zu ringen. Das Anliegen einer Anerkennung besteht vornehmlich auf der deutschen, nicht der belgischen Seite.

4.1 Die niederländisch-deutsche Grenze ist fast viermal so lang wie die deutsch-belgische. Die beiden Sprachen sind in mancher Hinsicht <falsche Freunde> und die Eigenständigkeit der niederländischen (seit altersher Nederduits, heute meist holländisch genannten) Kultur wird von Deutschen regelmäßig unterschätzt. Auf der Spaßebene, etwa Rudi Carrells oder Linda de Mols, erscheint die eine Sprache als gedehntes <Düsseldorfer Platt>, die andere als <expreußischer Pickelhaubenjargon>. Aus dem EUREGIO Blickwinkel durch Achterhoek und Twente einerseits, Bentheim und das Münsterland andererseits, begrenzt und doch auch verbunden, bedarf es keiner besonders vertrauensvollen Maßnahmen mehr, um die traditionell guten (normalen) Beziehungen aufzufrischen. Das wichtigste Element ist auf beiden Seiten die Wirtschaftsordnung, an der man eben doch die Ähnlichkeit der Mentalitäten erkennt. Bloß die vertrackte Abstraktheit steht einem tieferen Verständnis manchmal im Wege. Die Vorstellung, ein unbefangener Leser müsste Hegels Phänomenologie des Geistes oder Heideggers

Sein und Zeit auf Holländisch lesen und kapieren, lässt auch den wohlmeinendsten Komparatisten erbleichen. Es gibt immer noch das Klischee „Frau Antje bringt Käse aus Holland", ein langsames Bild des Tragens und das Stereotyp „Die Duitsers rennen von einem Konflikt zum nächsten", ein beim Verhandeln hastiges Bild des Klemmens. Aber vielleicht liegt <Frau Antje>, nach einem Titelbericht des Spiegel Magazins wirklich schon in den Wechseljahren und der deutsche <Michel> stolpert heute manchmal sogar über seinen eigenen <Sauhaufen>?

Etwas vollmundig sprach der deutsche Außenminister im August 2013 von Deutschland und Frankreich als „Zwillinge der europäischen Schicksalsgemeinschaft"; doch ist eine grenzüberschreitende Zusammenarbeit auf regionaler Basis, fünfzig Jahre nach der Saarabstimmung in <Sarrebruck>, ob ihres beiderseitigen wirtschaftlichpolitischen Vorteils, nicht zu leugnen. Diese Zusammenarbeit führte 2200 Städte und viele Schulaustauschprogramme in Städtepartnerschaften. Beide zusammen wurden zur Schule der zwei Nationen und des guten Geschmacks der angepassten Manieren und der Öffnung zum gegenseitigen Kunstverständnis. Wie schon bei Madame de Staël entfachte sich eine kleine Begeisterungswelle in Frankreich für das Deutsche, nachdem sich der abermals nach Paris pilgernde Künstlerstrom, z.B. Günter Grass', anbahnte. Unter den Anonymen hörte auch der Neuling aus der deutschen Provinz „das Dictionnaire der französischen Akademie, die Phraseologie und die Prosodie des französischen Theaters" (W. Hausenstein) heraus. Erst hier im Théâtre National Populaire am Platz Trocadero erfuhr dieser Student des französischen Rechts an der Sorbonne, wie man zu sprechen, zu verstehen und zu hören hat, was Kleists Prinz von Homburg, gespielt von Gérard Philippe, den Parisern zu sagen hatte. Wie war es möglich, das Atmosphärische, Künstlerische und Universitäre in gierigen Appetithappen gleichzeitig aufzunehmen? Wie gelang es wöchentlich des Morgens bei lilagrauer Tagesanbruchs-Röte, furchtlos die Boulevards des linken Ufers rasch zu erreichen? Der lange Weg entlang der

Hauptstadtkultur- Meilen begann in der <Deutschen Delegation<, 5 rue de Pierre 1 de Serbie, über den Pont d'Iéna, rechts am Eiffelturm vorbei. Dessen Unterbau, der auf vier Pfeilern die Konstruktion trägt, entwarf übrigens nicht Eiffel selbst, sondern sein Ingenieur Maurice Koechlin, ein schweizerischer Elsässer, der schon die Verankerung der Freiheitstatue im Hafen von New York konstruiert hatte. Denn um den Preis der Freiheit ging es in der Amerikanischen Revolution von 1776 und der Französischen von 1789, an die der Eiffelturm bei der hundertjährigen Weltausstellung erinnern sollte. Beide Wahrzeichen stammten von einem Genie, das an der ‚ETH' Zürich entdeckt und trainiert wurde. Daß der Weg in der Cité Universitaire endete (im Maison du Japon und einem kurzen Bett), ist nur am Rande erwähnenswert, aber daß möglichst vielen Deutschen ihre Welt in Paris auf höchstem Niveau damals auf steinigem, heute auf bequemerem Weg vorgeführt werden könne, möchte Frankreich den deutschen Freunden immer wieder zeigen. Sind die deutschen Sinnbilder bis 1992 eher historisch verankert, so erfüllen die französischen Wahrzeichen wie der Eiffelturm noch im 19. Jahrhundert eine beispielgebende ins Abstrakte weisende Funktion: Fortschritt in stählerner Freiheit. Doch ist auch dieser hocheifrige Eiffelturm so nahe seiner Geliebten, der Seine, ein gallo-gigantischer homme de fer. Ein Passant, der so früh morgens aufbricht, erfreute sich seiner Wasserströme, die ihn an den abschießenden Bordsteinen der Straßenreinigung begleiteten. Wo liegen die Gullis hinter der Seine? Dieser Exkurs hat den Leser auf die Psyche des Besuchers, der Studentin oder eines Austausch-Schülers zurückgeführt. Staunend würden solche vielversprechenden jungen Menschen auch bei guter frankophiler Vorbildung erkennen, wie provinziell sie in Wirklichkeit auf dem Gare du Nord eingetroffen waren und wie viel Europa sie dort in kurzer Zeit aufzusaugen imstande sein würden: „Witz, Haltung und Ironie" „in eins gebracht, zu einer wunderbaren Übereinkunft versammelt". Diese Führungsqualitäten bringen Frankreich in der Europa Union an vorderste Stelle. Im Mantel der französischen Kultur des Maßhaltens und der heimischen Annahme in der deutschen, wird die Einwicklung der DDR seitens der BRD durch die Abgabe der D-Mark an der Garderobe und den Umtausch der neuen fast all-europäischen Euro Währung kraft kooperativer Zusammenarbeit aufgewogen. Nicht nur nimmt der Deutsche jetzt noch aktiver als früher am kulturellen Leben der Gemeinschaft teil, sondern er und sie gestalten sie auch mit Anstand und Wohlstand europäisch mit. Die Wirkung sollte am Ende nicht erzwungen, sondern unwillkürlich ausfallen. Erst wenn sie sich spontan einstellt, dürfen wir von einem echten Gemeinschaftssinn sprechen.

Die Schweiz wird als Nicht-EU Land mit Bedauern über diese Lücke übergangen. Das ist besonders gravierend, weil ihre Viersprachigkeit viele Beispiele von Früheuropäisierung bereit hält, die auch den Freiheitsgedanken auf vielfältige Art bereichert haben, z.B. bei der Krankenversorgung auf den Schlachtfeldern durch das Rote Kreuz. Aber auch Österreich kann in Punkt 11. 0 nur gestreift werden und muss daher bei unserer Mitgliedsschafts-Debatte so gut wie ausgespart bleiben. Ein von Deutschland separates Nationalitäts-Bewußtsein hat es dort vor 1945 nicht gegeben. Andrerseits war das Gebietskörperschafts-Gefühl, bedingt durch die lange Herrschaft des Hauses Habsburg, länger anwesend. Vor dem Beitritt Österreichs lag die überraschend eindeutige pro-europäische Volksabstimmung, die den befürchteten Identitätsverlust und die neutralitätsrechtlichen Bedenken beiseiteschob. Es ist klar, daß Wien, das jahrhundertelang nicht gerade als Demokratiezentrum galt, von Brüssel, in dem es einst herrschte, heute, was Verwaltung angeht, eine Menge übernehmen muss.

Jeder Autotourist, der sich auf dem alteuropäischen Wege von Wien nach der Grenze zur Slowakei befindet, bewegt sich auf Niederösterreichs größter, geschichtsträchtiger Ebene, der Lobau entlang, und erreicht nach einer knappen, kulturell aber polyglotten Stunde das Marchfeld, auf dem König Ottokar II. Premysl durch die listige Strategie Rudolfs von Habsburg sein Unglück und

Ende empfing. Sicher ist daß der Sieger das Schicksal des Heiligen Römischen Reiches, Böhmens und Österreichs, für sein Erzhaus 640 Jahre behaupten konnte. Ob die Europa Union so lange zusammen hält, ist bisher nur ein Wunschtraum. Der Türkenbezwinger Prinz Eugén von Savoyen, den seine Herrscherin Maria Theresia jedesmal fürstlich entlöhnte, baute sich am Wegesrand ein Barockschloss um, das staunenswerte Schloss Hof, das die Habsburger wie ein ungeschütztes Bollwerk mit Mauern gegen die Slowaken und die Ungarn befestigten, als sie es von den Erben zurückgekauft hatten. Es blieb nach der Hochzeit der Lieblingstochter der Kaiserin, Maria Christina mit Albert Kasimir von Sachsen 1766 weitgehend ungenutzt, denn sie zogen nach Brüssel um, wohin sie als Gouverneure der Österreichischen Niederlande berufen wurden. Man sieht von der Kapelle aus und <Prinz Eugéns Fenster> auch ohne seinen Feldstecher bei Sonnenschein die Silhouette von Preßburg. Ein Gipfeltreffen unter der österreichischen Ratspräsidentschaft sollte dort, teuer restauriert, 2007 zu Ehren des <Edlen Ritters> 270. Todestags im originalmöblierten Schloss Hóf abgehalten werden. Es musste, ironischerweise wegen der weiten Einsicht vom Marchfeld, aus Sicherheitsgründen abgesagt werden. Der zivile Kulturtourist profitiert davon, daß er von der obersten Terrasse oder dem höher gelegenen Fenster sehr offen in das Grenzgebiet hineinlugen kann. Am klar sichtbaren Horizont liegt die Hauptstadt der Slowakei wie ein Scherenschnitt vor Augen. Ein halbes Jahr nach dem Vertrag von Maastricht deklarierte dort das slowakische Parlament die Selbständigkeit der Slowakei von der Tschechoslowakischen Republik und ebnete so einer "spontanen Scheidung von Tschechien" den Weg. Bereits 1996 lag das Beitrittsgesuch in Brüssel formell vor. Seit 2004 gehört Tschechien, seit 2009 die Slowakei, zur EU und zur NATO. Während die Slowakei den € schon eingeführt hat, ist sie in Prag 2013 auf Jahre hinaus verschoben worden. Tschechien empfindet die Lostrennung als zahlungsentlastend, die Slowakei umgekehrt als Ende einer Bevormundung und positive Herausforderung. Es ist auf lange Sicht vorstellbar, daß diese eilige Trennung einmal rückgängig gemacht werden könnte. Verf. kann sich zur Behauptung, daß junge Tschechen gleichaltrige Slowaken nicht mehr verstehen können, nicht äußern. Der uns schon bekannte Professor Hus führte eigenständige diakritische Zeichen (genannt das Häkchen, den Strich und den Kringel) als Längenzeichen ins Tschechische und Slowakische ein; diese konnten später im 15. Jahrhundert wegen des Ketzertums des scharfsinnigen Philologen, die er in seiner *Orthographia Bohemica* vor 1512 als Verfasser der tschechischen Rechtschreibung festgelegt haben soll, nicht ins Polnische übernommen werden.

Anmerkenswert bleibt, daß die deutsch-tschechische Grenze über 800 km beträgt, die deutsch-polnische aber nur 460 km mißt. Entsprechend heißt der Deutsch-Polnische <Gute Nachbarschafts-Vertrag und Freundschaftsvertrag>, und wurde ein halbes Jahr vor dem Deutsch-Tschechischen (dieser Vertrag blieb ohne Erwähnung von <Freundschaft>) abgeschlossen. Er enthält eine sorgfältige Präambel und 38 Artikel. Der Vertrag über gute Nachbarschaft von 1992 zwischen Bonn und Prag, also zwischen Deutschland und der CSR, wurde mit ihrer sorgfältigen Präambel und 35 Artikeln noch gerade vor dem Auseinanderbrechen dieser westslawischen Landesteile als pro-europäische Ernte eingebracht. Beide jeweiligen Vertragssprachen sind völkerrechtsgültig. So ist es gelungen, mit unseren unmittelbaren östlichen Nachbarländern, Polen und der Tschechoslowakei, (bzw. ihren zwei Nachfolgestaaten Tschechien und der Slowakei) jeweils ein Pendant zu den westeuropäisch-deutschen <Grundgesetzen> mit unverletzlichen Grenzen und unbeschränkten Handelsbeziehungen abzuschließen und erfolgreich zu praktizieren. Diese vier befriedeten Nachbarn beziehen allesamt hohe landwirtschaftliche Fördergelder und Normierungshilfen aus Brüssel; die drei östlichen müssen jedoch mit einem unternehmerischen Druck deutscher Exportfirmen rechnen und klarkommen. Nun ist die Rolle Deutschlands nach Westen und Osten, auch als NATO Partner, vorgegeben und festgelegt. Auch hier wird wieder bestätigt, daß das deutsche Recht auf die Dauer solider ist als eine veraltete Form des Deutschen Reichs, gegen das die Benesch-Dekrete, die 1940-1945 von der Londoner Exilregierung ergingen, als Notverordnungen gerichtet waren. Die zwei Neiße Flüsse können nicht mehr absichtlich verwechselt und die zwei bis drei Millionen ausgewiesenen illoyalen tschechischen Staatsbürger deutscher Abstammung können (in der dritten Generation) nicht mehr entschädigt werden. Das sieht die Deutsch-Tschechische Grundsatzerklärung von 1997 auch nicht mehr vor, sondern fordert zu Recht das Vergessen begangener Untaten auf beiden Seiten.

Es beginnt sich so etwas wie eine <Grenzsolidarität> auszubilden. Manchmal übernimmt ein Grenzstrom diese fließende Funktion selbst. Im Ausklang von 1993 stellt sich die Bewertung eines Kulturraums wie der *Stadt* und ihrer Kulturlandschaft, von der unter "Erklärungen und Dokumente" zum Staatsvertrag auch die Rede ist, und während der Wende offengelassen werden mußte, heute anders da. Ein solcher Bewertungsanfang ist von Konsequenz für die Zukunft etwa einer Stadt wie Frankfurts an der Oder und seiner Europa Universität *Viadrina*.

Nichts ist dem Neuen hinderlicher als eine fertige Anschauungsweise. So nimmt man mit Freude zur Kenntnis, daß sich das neue Frankfurt a. d. Oder als "Brückenstadt" verstehen will. "Der tiefe Schnee" der "gefrorenen" Entfremdung von der polnischen Uferseite ist inzwischen zum Teil "zerschmolzen" wie es in einem alten Spinnstubengedicht so schön heißt. Diese kulturpolitische Ortsorientierung enthält ein Angebot eines Brückenschlags nach drüben. Aber wie integriert man es politisch und sozial in das Geflecht und den Charakter dieser Stadt? Die optische Identität der 1945 stark zerstörten Stadt setzt bei neuen Bevölkerungsgruppen seit kurzem einen bewußten Neuanfang der Überbrückung. Sie steht nicht mehr mit dem Rücken zur Oder/Odra, sondern mit nach drüben einander zugewandten Gesicht. Kann man das Entsprechende von Slubice sagen? Unbedingt. Die Freundschaft zum deutschen Nachbarn konnte nicht restauriert, sondern musste neugeschaffen werden. Jetzt wird der Fluss nicht bloß diesseits durch "die halbe Stadt" und den Linnépark parallelisiert, sondern studentische Wohnheime florieren auf beiden Seiten des Flusses, in dem vielleicht wieder Krabben <hibernieren> werden.

Polen lebt zu seinem Glück wie ein westeuropäisches Land der lateinischen Kultur und einer geistigen Verbindung zu Frankreich mit seiner Eleganz. Im Juni 1989 geht die <Solidarnosc> als Gewerkschaftspartei des Volkes in beiden Kammern des Parlaments als Siegerin hervor. Ein halbes Jahr nach Erhebung Lech Walensas zum Präsidenten der Republik Polen wird der <Gute Nachbarschafts- und Zusammenarbeitsvertrag> mit der wiedervereinigten Bundesrepublik Deutschland abgeschlossen. Polen gehört heute offen wieder zur Avantgarde: „Die Ziele aller wurden wieder zur Freude der Meisten; und: „die Freude aller," und „jeder abgerundete Gedanke, der durch widrige Zeiten, von Sprechern schweigend, lange schlief, wird von der Aussaat zur Frucht gebracht", sagt Adam Mickiewicz, der Nationalependichter Polens, dem zu Ehren die westpolnische Eliteuniversität in Poznan benannt worden ist. 1791 gab sich Polen und Litauen als erstes europäisches Land vier Monate vor Frankreich im Warschauer Königsschloss eine Verfassung der Aufklärung. Seit 2007 ist der Verfassungstag vom 3. Mai auch ein Nationalfeiertag in Litauen. Der Sejm, das Unterhaus, ursprünglich die Vertretung des polnischen Adels, genannt Szlachta, hatte hauptsächlich die Aufgabe, den König zu wählen. Der Sejm gehört seit 520 Jahren zu den ältesten Parlamenten Europas.

Die nördliche Austauschrichtung nach Szczecin darf neben der westlichen nach Poznan nicht übersehen werden. Die Zeiten der Hundejahre auf und unter dem haltenden Zug nach der Eisenbahnbrücke sind vorbei und Günter Grass' "Unkenrufe" wirken jetzt mit dem Zeitabstand weniger gesellschaftsbeflissen als klar ironisch gemeint. Kühn und cool heißt es heute: "Östlicher leben kann eine Stadt in Westeuropa gar nicht". Müsste es nun nicht durch tägliche Austauschanstrengungen und einen ironischen polnischen Seufzer aus Szczecin ergänzt werden: "Westlicher kann eine Stadt in Osteuropa gar nicht leben"? Durch Verwaltungsgeschick und hervorragende Ausbildung im deutschen und polnischen Recht, in der Wirtschaftslehre von joint ventures, und in der vergleichenden Kultur kann diese Stadt zur treibenden Kraft in der EUREGIO-Ost werden, die es im Münsterland als EUREGIO-West mit den Niederlanden schon länger gibt. Die Zeit der hochgestochenen Theoriedebatten möge eine lange Zeitspanne ruhen. Die integrativen Verfassungen, welche die verschiedenen Kulturen anerkennen, dürfen heutzutage ihrer Vorreiterrolle praktisch gerecht werden. Einst durfte ein Frankfurter Handwerker nur einen "Scharrn" (einen Verkaufsstand) unterhalten. Die Anstrengungen einer Brückenstadt können nicht hoch genug veranschlagt werden, da sie ständig als beiderseitige Strukturverbesserungen nachmeßbar sind. Komplexe Sachverhalte müssen gleichzeitig studentenpraktisch und bürgerfreundlich umgesetzt werden. Möge die Oder/Odra mit epischer Kraft ruhig vorbeifließen und, wie die Seine, nie untergehen. Die Ostsee könnte warschauen: „Flüsse, die in den Himmel wollen, münden in die Weichsel."

Im umgekehrten Uhrzeigersinne bewegen wir uns auf den nördlichen Nachbarn Dänemark zu. In diesem Königreich herrscht seit 1863 die Dynastie Sonderburg-Glücksburg, der auch Prinz Philipp, Herzog von Edinburgh, entstammt. Schloss Christiansborg in Kopenhagen mit einem 90 m hohen Schlossturm beherbergt seit 1918 das Dänische Parlament. Das eigentliche Wahrzeichen Kopenhagens in Anlehnung an Hans Christian Andersens Märchen, Die kleine Meerjungfrau, ist zwar hundert Jahre alt, mißt aber nur 1,25 m und sitzt mit ihren Meerjungfrauflossen auf einem Felsbrocken an der Langelinie am Pier eines Tiefseebeckens im Überseehafen von Kopenhagen. Der dänische Dichter und Meistererzähler Johannes V. Jensen bemerkt in seinem Essay über die Wildgänse, welche die Stadt überqueren: „Wenige Kopenhagener sehen die Stadt, noch weniger sehen von ihr auf". Darf der Verf. einstimmen und der Hoffnung Ausdruck verleihen, dass er zu Kopenhagen aufsehend diese schöne große Stadt zu schätzen gelernt hat? Jener Jensen liebte Berlin zwischen den beiden Weltkriegen und arbeitete dort gerne wie vor ihm Sören Kierkegaard. Berlin darf ohne Zögern eine protestantische Stadt genannt werden, Kopenhagen als die Hauptstadt des Nordens wohl nicht gänzlich. Ihr weltmännischer Charakter bleibt unbestritten., aber auf der Skala der Globalen Städte dürfte es vielleicht als euroskeptisches, nordisches <Konstantinopel> bezeichnet werden. Den eindringenden Betrachter packt bei jedem Besuch das Gefühl der Ehrerbietung, besonders angesichts der neuen Oper, des modernen Theaters und bei der Forschung im kubusförmigen Anbau der Königlichen Bibliothek, dem <Schwarzen Diamant>.

Dänemarks südliche Landesgrenze ist schmal und beträgt „an der Wurzel der Halbinsel Jütland" nur 67 km. Die Beziehungen zwischen Dänemark und Deutschland sind heutzutage normalisiert. Die Grenzregelung von 1920, die auf einer schon von Bismarck versprochenen, dann aber vergessenen Zusage beruht, ist 93 Jahre alt, völkerrechtlich eine beständige Zeit; sie hat auf die Dauer eine problemregelnde Anerkennung zur Folge gehabt. Zum Unterschied im Beitrittsweg beider Länder sei kurz aufgezählt: Dänemark wurde nach einer Volksabstimmung 1973 Mitglied der EU, lehnte jedoch 2000 die Einführung des Euro ab, so daß die traditionelle dänische Krone gesetzliches Zahlungsmittel blieb. Der Handel zwischen den Ländern ist intensiv. Das größte, von Dänemark vorfinanzierte Projekt, die Querung des Fehmarn Belts, befindet sich seit einem Staatsvertrag von 2011 in Planung. Es gereicht zur Ehre der dänischen Ratspräsidentschaft von 1993, daß sie die <Kopenhagener Kriterien> zur Grundlage der größten EU Mitgliedserweiterung machte.

Noch einmal zur Staatsgrenze zwischen dem Königreich Dänemark und der Bundesrepublik Deutschland: sie ist gut austariert und an der Westküste fast unsichtbar. Der Übergang bei Seebüll nach einem Abstecher ins Emil-Nolde-Museum muss einem Besucher Jütlands vertraut werden. Der große Maler war dänischer Schleswig-Holsteiner und Schleswig-Holsteinischer Däne zugleich, das heißt, ein Däne mit deutschen Regungen. Seine Lebenserfahrungen reichten vom Hunger bis zum Malverbot. Er hat in seiner Stiftung dafür gesorgt, dass seine Bilder nicht verkauft werden können. Es gibt eine Sonderwelt im künstlerischen Grenzverkehr, wo Manches unverkäuflich bleibt. Sie leuchtet dort am hellsten, wo man sie versammelt sehen soll. Die EU-Mitglieder-Dänen von heute bleiben jedoch in erster Linie „einzelne". Ihre europäische Verbundenheit erscheint sekundärer als die der Deutschen, die sich damit einen primär modernen Anstrich geben. Zum dänischen „Verständnis des Individuellen", das tief dringt, sollte man des dänischen Nobelpreisträgers der Literatur, Johannes V. Jensens Novellen *Die Welt ist tief*, „als Bekenntnis seiner unglücklichen Liebe zu Deutschland" auf sich wirken lassen. Ironischerweise haben einzelne Deutsche regelmäßig von dänischen kulturellen Investitionen in Schleswig-Holstein Nutzen gehabt, während Dänemark als Geberland über wechselnde Zeitläufte in der dänischen bundesfürstlichen Epoche daraus nur indirekt hat Vorteile ziehen können. Welche der zwei Typen von Landsleuten, dänische oder norddeutsche, dem Druck des Massenzeitalters besser standhalten werden, wird sich erst in Zukunft zeigen.

4.2 In der europäischen Presse wird oft der Vorwurf erhoben, die Bundesregierung wäre eine Art <Sparkommissar> der Union. Diese nicht überraschende Kritik leitete sich aus dem Vorschlag der Bundesregierung her, Griechenlands Schuldenabbauwirtschaft solle ein EU-kontrolleur vor die Nase gesetzt werden. Diese Demarche stieß sogar vor dem Beginn des Euro-Krisengipfels bei Luxemburg und Österreich auf Ablehnung. Stattdessen wurde die Bundesregierung unter Druck gesetzt, einer Aufstockung des dauerhaft eingerichteten Eurorettungsschirms ESM zuzustimmen. Sogar das BVerfGericht habe festgestellt, daß das Budgetrecht ein Kernelement staatlicher Souveränität sei und daher nicht angetastet werden dürfe. Darauf wurde auch deutscherseits für einen Sparkommissar eingetreten, der für euroregionale statt nur für einzelstaatliche Schuldentilgungen zuständig sein sollte. Ein Kommissar solle vielmehr für Investitionen in den Wirtschaftsaufschwung sorgen. Nun wurde der projizierte Wirtschaftsaufschwung ebenso strittig wie die Aufstockung vorher. Nach unserem Verständnis ist jede wesentliche Einschränkung des nationalen Haushaltsrechts eine Verletzung der staatlichen Souveränität. Man denke dabei an ein 13. Monatsgehalt oder einen Mindestlohn. Wieso sollen die Griechen diese entbehren? Der Vorschlag der deutschen Delegation wird vor allem von den Federn der Karikaturisten als Einsetzung eines deutschen <Gauleiters> in Griechenland angesehen, wie schon 1941! Nach Ablehnung durch den österreichischen Bundeskanzler, den lëtzebürgeschen Premierminister und sogar den Fraktionschef der deutschen Sozialdemokratischen Partei, ließ ihn die Bundeskanzlerin Ende 2012, mit Wirkung auf den neuen EU Haushaltszyklus 2013, der gerade beschlossen werden sollte, blitzschnell fallen. Nun werden deutsche Gelder stärker als im vorigen Jahr abgeschöpft. Wie spart die EU? Zunächst werden die Defizitverfahren gedehnt und verlängert, hohe Geldbußen angedroht, aber noch nicht verhängt. Das Sparziel wird durch das festgeschriebene Verbot der Eigenverschuldung erreicht. Kann also die EU an Stelle der Einzelstaaten insolvent und zum Sanierungsfall werden? Nein. Es herrscht bei den Presseberichten ein grundlegendes Missverständnis der rechtlichen Lage, dem auch jemand wie der EU-Regionalkommissar, der österreichische Abgeordnete Johannes Hahn anheimfiel. Da sich der Sparkurs der EU nicht gegen eine soziale Verantwortung richten solle, was zutrifft, müsse es sich jetzt beim Sparen um „binnenpolitische Maßnahmen" handeln, meint der Regionalkommissar. Das ist aber grundsätzlich, d.h. EU-grundgesetzlich, nicht möglich, weil in einem Staatenverbund Gewaltenteilungen der Einzelländer so nicht ganz aufgehoben werden können. Es gibt zwar binnenpolitische Aspekte, nicht aber EU-rechtlich gesicherte Veränderungen, wie sie der EU-Regionalkommissar aus Österreich verkündet hat. Es mag sein, daß die Mittelverteilung seines Ressorts auf dieser hypothetischen Basis „bürgernah" erfolgen kann, einklagbar ist sie nicht.

5.0 Das Grundgesetz von 1949 ruht auf dem Föderalismus, der Vereinigung aller damaligen, zum Teil zu dieser Aufgabe historisch berufenen Bundesländer. So ging eine geplante Teilsouveränität dieser Länder auf die von den Besatzungsmächten konzedierte Bundes Souveränität über, bis sie 1990 einen ganzen Souveränitätsgrad erreicht hatte. Auf diesem Entwicklungswege sollte das Demokratieverständnis der Westdeutschen durch Mitarbeit der dazu fähigen Bürger in kleinen Schritten geübt werden. Der Zusammenhalt stützt sich auch auf die Kooperation zwischen den Ländern untereinander. Im deutschen Föderalismus herrscht das Prinzip der Zuständigkeit, und nicht, wie in den Vereinigten Staaten, die <policy>. So darf man feststellen, daß die Verzahnung in Deutschland enger ausfällt als in den USA. Das überrascht nicht, wenn man die zwischenstaatlichen Grenzen vieler US Staaten, die von Landvermessern künstlich gezogen wurden, berücksichtigt, und einige der nordstaatlichen Ländergrenzen, die auf Jahrhunderte lange Naturhindernisse zurückgehen, sorgfältig vergleicht. So wie das Stimmengewicht der Landesregierungen im Deutschen Bundesrat gestaffelt sind, sind es auch die deutschen oder die französischen Mitgliederzahlen im Vergleich etwa mit Dänemark oder Luxemburg. Die Verbundstaatlichkeit der EU entspricht also einerseits der Gliedstaatlichkeit der Bundesrepublik, andererseits ist die Exekutivgewalt der Bundesländer stärker, die Legislativgewalt schwächer als diejenige der zwei Kammern des Europaparlaments.

5.1 Verschiedene Bundesämter, wie etwa, zum Beispiel, das Kraftfahrt Bundesamt in Flensburg, haben festverteilte Standorte. In der Brüsseler Bürokratie sind die europäischen Zentralämter gebündelt, richten sich also auch nach der Zuständigkeit wie in

Deutschland. Das bedeutet nach der Verfassungstheorie, daß die EU als Konstruktion dem Typ eines Bundesstaates näher kommt als dem eines Staatenbundes, weil die vertragsschließenden Staaten beim Abschluss außerhalb ihrer Verfassungsrichtlinien gehandelt haben. Es verschiebt sich insofern auch ein wenig die Kooperation der Bundesländer mit. Im zuständigen Verfassungsdach wird jedes Mal an der gleichen Stelle von allen Mitgliedsstaaten eine Luke geöffnet. Daher verschiebt sich die äußerste Grenze der Kooperation zugunsten der EU Macht nach hinunter. Mit etwas Wagemut könnte man diese auf den Kopf gestellte Subsidiarität als Supersidiarität bezeichnen.

5.2 Im Ergebnis zeichnet sich eine leichte, aber dennoch schwer messbare Integration der Gewaltenverschränkung ab; denn die Bundesregierung gibt nach dem neuen Art. 23 Abs. 3 „dem Bundestag Gelegenheit zur Stellungnahme vor ihrer Mitwirkung an Rechtssetzungsakten der Europäischen Union". Ein Vertreter der betreffenden Landesregierung tritt dann auf den Plan. Im März 1993 ergingen zwei einschlägige Gesetze, das EUZBBG und EUZBLG, die mehrfach, zuletzt 2013, revidiert wurden. Das erste der beiden Gesetze regelt den Unterrichtungsrahmen des Bundestags seitens der Bundesregierung, schließt also auch die Oppositionsmitglieder ein. Es enthält auch formelle Vorschriften zur Unterrichtung über Vorhaben der Europäischen Union. Es entwickelt dazu die Grundsätze dieser Unterrichtungspflicht, auch hinsichtlich der Übersendung von Dokumenten und zum Format eines <Berichtsbogens>. Der Bundestag erhält Gelegenheit zur Stellungnahme. Das zweite Gesetz regelt wichtige Vereinbarungen zur Aufnahme von Verhandlungen über den Beitritt neuer Mitgliederstaaten, falls die Zusammenarbeit von Bund und Ländern betroffen ist. Denn zeitlich kann der Beitritt mit der Einführung des Euro in dem Beitrittsland auseinanderfallen. Die wichtigste Vorschrift ist die Anlage zu § 9, wo die Zusammenarbeit auf dem Gebiet der Länderinteressen behandelt wird. Landesvertreter können danach auch an der Ausschussarbeit in Brüssel teilnehmen. Indirekt schützt sich das Bundesministerium der Justiz vor ressortübergreifenden bösen Überraschungen. Außerdem soll eine Gemeinsamkeit im Vorgehen beider Häuser des Parlaments, Bundestag und Bundesrat, gewährleistet werden. Sollte es zu länderübergreifenden Finanzkorrekturen kommen, die streitig sind, so kann die Bundesregierung beim Europäischen Gerichtshof Rechtsmittel einlegen.

6.0 Viele deutsche Staatsbürger arbeiten neben ihrem schweren Beruf ehrenamtlich an einem Hilfsprogramm mit. Dadurch wird die <Sozialkompetenz> besonders junger Deutscher in ihrem Tagesjob gestärkt. Es kann dabei eine Überanstrengung eintreten, die jüngere Leute in ihrem Freundeskreis abzubauen hoffen. Man könnte diesen Ausgliederungsansatz mit Recht als <Reprivatisierung> bezeichnen, die zu einem wichtigen Teilthema aufsteigt. Oft muss in solchen privaten Rückzugsrunden der Fernseher oder der private Computer mit einer <Spielekultur> als Familien-Eindringling herhalten. Dies mag die passende Gelegenheit sein, um auf den Unterschied zwischen den Funktionen des Festnetzes (altes Standtelefon) und des Mobilfunks (sog. Handy) auf der Skala der Sozialkompetenz aufmerksam zu machen. Technisch ist der Zugang verschieden, stört in beiden Fällen. Zuerst wurde das Standtelefon schnurlos und schließlich tauchte das drahtlose Funktelefon auf, das als geschmücktes Handy seit einigen Jahren zum Statussymbol jüngerer Erwachsener aufgestiegen ist. Auf diesem Gabelwege veröffentlicht sich die Reprivatisierung noch einmal und erlaubt es dem Zuschauer, spazierengehende Erwachsene telefonieren zu sehen und – und wiederum störend – zu hören, statt die Parkruhe zu genießen. Dabei soll der Mitmacher oder die Teilnehmerin erkannt und eingeschätzt werden. Hier kommt es auf das sog. <Kommunizieren> an. Die Teilnehmerin stellt sich laufend und redend, in <Designer Klamotten> angezogen, im Stadtgetriebe vor. Sie betrachtet und wird betrachtet, ja abgeschätzt, und ver-

57

mischt dadurch ihre private und ihre öffentliche Sphäre. Der ältere Mensch hält in dieser semi-öffentlichen Arena nicht mehr mit und gilt darum als Ausgeschiedener, schlimmstenfalls als Vorentsorgter. Es gibt Länder in Europa, z. B. in den Niederlanden, und Übersee, z. B. den USA, wo der auf Handy Angerufene die Verbindung mitbezahlen muss. Die Kehrseite dieser Rechenlegung ist eine unfreiwillige Eigenauskunftei, vor deren Eindringung Hürden aufgestellt sind, die überwunden werden können. Die Telefonauskunft in den USA funktioniert – instate and out of state – rational zehnstellig in jedem Staat und beginnt immer nach dem gleichen Schema (auch in Kanada) mit einer dreistelligen Vorwahlnummer plus 555-1212. Die Auskunft erteilende Person ist lokalvernetzt, kennt ihren Bezirk [das area code Gebiet] und findet die gewünschte Nummer, wenn es sie denn gibt, auf Anhieb. Diese privat-öffentliche Auskunftsbrücke ist in Deutschland nicht zentral organisiert. Liegt das auch am unkooperativen Föderalismus? Nur zu bald ertönt eine schauerliche Musak Musik in der auch noch zu bezahlenden Warteschleife. Ziemlich hilflos wird dann im Missverständnis gerne auf einen imaginären Datenschutz hingewiesen, um den lästigen Anrufer los zu werden. Berufstätige Deutsche verfügen meist über beide Verbindungen und schützen ihre Handynummer wie ihren Augapfel. Ihre Festnummer mag immerhin im Telefonbuch (oder in Österreich beim <Herold>) aufgelistet und schlimmstenfalls abhörbar sein. Freiland-Anschluss, Kabelverbindung mit den modernen Verlegungstechniken oder Satellitenempfang definieren die anrufende Privatperson in eine vernetzte semi-öffentliche um und machen gewissermaßen im ‚Ohrumdrehen' Normalverbraucher als Kunden zu mini-engagierten Gesprächsteilnehmern. So rinnt die Dimension der Privatheit an den Rand einer Öffentlichkeit. Das Private an éiner Person schrumpft auch in dieser öffentlichen Sphäre dimensional. Eine Handy-Gemeinschaft vereint am Ende eine eingespeiste Kommunikationskaste. Es muss an dieser Stelle erwähnt werden, dass der deutsche Netzausbau nicht wildwuchert, sondern von einem Bundesbedarfsplan gesteuert wird.

6.1 Der Bund hat schon früh ein Gesetz zusammengestellt, in dem der Einzelne, nämlich eine natürliche, aber keine juristische, Person geschützt wird, das Bundesdatenschutzgesetz [BDSG 1990]. Ein Vorläufer wurde 1977 erlassen und durchlief bis 2009 Veränderungen und Anpassungen, Es hat 46 §§. Dahinter steht eine lange, Jahrhunderte während Tradition vom Beichtgeheimnis bis zum identitätsverbergenden Kennwort. Es hält mit der Entwicklung der Computertechnologie Schritt. Zuständig für die Überprüfung ist der Datenschutzbeauftragte des Bundes und Beauftragte der Länder und Unternehmen ab zehn am Computer arbeitenden Mitarbeitern. Der Beauftragte muss weisungsunabhängig arbeiten können: Material zugänglich machen, es überwachen und Lücken ausfindig machen (nach BDSG § 4 g). Die Betriebsorganisation muss nach innen offen, nach außen geschützt bleiben. Die einzelnen Schutzvorgänge haben mit der Entwicklung der Computertechnologie Schritt zu halten. Eine Bürgerin kann die Eintragung ins Facebook selbst vornehmen oder die Löschung ihrer privaten Daten verlangen und notfalls erzwingen. Ergänzt wird das deutsche Datenschutzgesetz materiell durch eine Datenschutzrichtlinie des europäischen Parlaments von 1995. Sie hat 34 Artikel paraphiert und erweitert sie durch 72 <Erwägungsgründe>. Jener europäische Datenschutz soll auf der EU Ebene die soziale und wirtschaftliche Integration stärken, auf die der neue Koalitionsvertrag vom 27. 11. 2013 ebenfalls Bezug nimmt. In Art. 4, Abs. 1 (S. 60) heißt es: „Deutschland will auf die internationale Sicherheitsdiskussion Einfluss nehmen. Daher werden auch nach dem Ausstieg geeignete institutionell geförderte Forschungseinrichtungen, unabhängige Sachverständigeninstitutionen und ausreichende behördliche Fachkompetenz zur Beurteilung der Sicherheit von Kernkraftwerken und ihres Rückbaus, des Strahlenschutzes und der nuklearen Entsorgung gebraucht." So hat der fertiggestellte Koalitionsvertrag den europäischen Zusammenhalt „nach Duktus und Geist" mitberücksichtigt und „gestaltet".

6.2 Der Verdacht, daß die NSA (National Security Agency) oder die CIA (Central Intelligence Agency) oder gar der Britische Geheimdienst (GCHQ) deutsche Computernutzer oder im Festnetz Telephonierende bis hoch zur Bundeskanzlerin abhören und so lange nach Kriegsende immer noch ausspionieren, als säßen diese Deutschen in einem überwachten Internierungslager, ist nicht nur <unakzeptabel>, sondern vertrauensbrüchig. Dieser Unzustand zeigt zweierlei: wie wenig unsere Sicherheit privat im Handyverkehr und öffentlich im Festnetz taugt und, daß sich die Bundesregierung nach außen so verhält, als hätte sie nichts davon gewusst, in Wirklichkeit aber seit Jahren kooperiert und das Offenlegen von Daten im Datenaustausch heimlich gestattet. Bei einem solchen Einverständnis wäre der Tatbestand des Hausfriedensbruchs nicht gegeben. In der Presse kursieren darüber unbewiesene Gerüchte. Da ein ägyptischer Diplom-Ingenieur, der in Hamburg-Harburg den Pilotenschein erwarb, die Maschine steuerte, die am 11. September 2001 in den Zwillingsturm 1 des World Trade Centers einschlug, ist zu vermuten, daß die Sicherheitsüberwachung Deutschlands verschärft wurde. Die angelsächsischen <Five Eyes> (USA, GB, CAN, AUS, NZ ) bilden einen Club für sich, die ehemaligen Alliierten (z. B. Frankreich, Belgien, die Niederlande und Dänemark) formen eine zweite, ebenfalls Amerika-alliierte Gruppe auf Gegenseitigkeit; ehemalige Kriegsgegner wie die Bundesrepublik, werden überwacht und es findet gleichzeitig ein Austausch sicherheitsstrategischer Daten statt. Man weiß als Laie nicht, welche Software dabei benutzt wird. Es ist kaum anzunehmen, daß die 2004 gegründete Europäische Datenschutzbehörde (EDSB), die unter einem niederländischen Computerexperten und Kontrolleur steht, die Sicherheitsbelange, mit der sich die amerikanische NSA Software auseinandersetzt, vertritt. Theoretisch soll der Europäische Datenschutz dafür sorgen, „daß das Recht auf Privatsphäre und Datenschutz geachtet wird" und, daß moderne Abwehrmaßnahmen technisch erarbeitet werden. Mit abnehmender Durchschlagskraft gliedern sich die drei Bereiche in Aufsicht, Beratung und Kooperation. Ob die Kohärenz beim EU Datenschutz bereits nachhaltig verbessert werden konnte, ist nach den Enthüllungen Edward Snowdens fraglich. Die Steuerung internationaler Datenströme liegt nach wie vor in Washington, D. C. Das heißt im Klartext: Europäische Daten in den USA sind nicht ebenso gut geschützt wie amerikanische Daten in Brüssel. Der transatlantische Datenschutz auf Gegenseitigkeit ist selbst auf der niedrigen Sicherheitsstufe des privaten E-Mail-Verkehrs bisher im Zweifel nicht mehr als eine fromme Wunschvorstellung.

## III. Der Einzelne in der Gesellschaft

Der Einzelmensch hat seinen Isolationsgrad dann erreicht, wenn er zu keiner Familie gehört und keine eigene (mehr) hat und ihn keine Gemeinschaft vermisst. Diese Gruppe nimmt in der modernen Gesellschaft nach vorliegenden Berichten rapide zu. Normal war bis vor kurzem ein Mensch, der seine Großeltern noch kannte, am selben Ort wie sie und seine Eltern wohnte, und inmitten von Geschwistern aufwuchs. Der begüterte Sprössling aus gediegener deutscher Familie studierte an der Traditionsuniversität seines Vaters; und der begabte, aber mittellose erhielt bei Fürsprache und etwas Glück in der Regel ein Stipendium. Lebenskraft, Standvermögen und Anstelligkeit glichen seine Nachteile öfter aus als nicht. Auch wenn die Standesgrenzen starr verliefen, gab es früher auch unter den Kleinen Leuten keine Wegwerfgesellschaft. Nach Art. 2 GG genießt heute Jeder „das Recht auf die freie Entfaltung seiner Persönlichkeit". Sie findet ihre Grenzen sowohl an der eigenen Unzulänglichkeit wie auch an den „Rechten anderer". Was eine Persönlichkeit ausmacht, ist bestritten. Wie man zur <Entfaltung> derselben gelangt, ist individuell nach Zeit und Grad verschieden. Die Verfassung gibt Jedem bloß den Rahmen vor. Tragischerweise hängt der Gesamterfolg eines Mitbürgers in der Gesellschaft auch von Faktoren ab, die verfassungsrechtlich gleichmacherisch angesehen werden sollen. Die jungen Leute, die klischeehaft gut aussehen (nach dem Motto - he: tall and handsome- she: blond and beautiful), dürften nach der Verfassung beim Anstellungsgespräch nicht vorteilhafter als die Durchschnittserscheinungen behandelt werden. Ob Schönheitsoperationen der freien Entfaltung einer Persönlichkeit zugerechnet werden dürfen, ist bisher in Deutschland nicht justifiziert worden. Hier sichern viele Auszubildende ihre Berufschancen ab, indem sie Sportclubs, Jungparteien, Kirchen oder Musikvereinen beitreten und dort mitwirken. Es kommt dabei auf eine verheißungsvolle Mitgliedschaft an, welche den Berufseintritt ermöglicht und die Aufstiegschancen verbessert. Mindestens muss der Kandidat im Wettbewerb in der Lage sein, sich überall anzupassen. Eine Anerkennung kann nur auf dem Wege der Selbstdisziplinierung erreicht werden. Nach Schulabschluss steigt der Einzelgänger quasi über Nacht zur Institution einer Selbstvermarktung auf. Nur wer das schafft, kann aus einem erfolgreichen Studienabschluss Nutzen ziehen. Arbeitslosigkeit ist manchmal oder ziemlich oft ein Merkmal des Nichtangepasstseins. Konnte des Verf.s Großmutter ihm noch den Rat mitgeben: „Sage mir, mit wem du umgehst, und ich sage dir, wer du bist", müsste er heute seinen Enkeln weitergeben: „Sage mir, wer mit dir umgeht, und ich sage dir, wer du nicht bist". In dem kassertierten Gesellschaftsaufbau von heute ist der Aufstieg des Einzelnen nicht weniger waghalsig als der eines Wandkletterers. Das Grundgesetz trifft nur auf dem Erdgeschoss Grundvorschriften. In den höheren Regionen kann sich der Mensch nur auf sich selbst und seine eigene Aufstiegskraft und einen Nichtabsturz verlassen. Die allgemeine Arbeitswelt verbindet und trennt.

7.0 Seit fünfzig Jahren hat jeder Arbeitnehmer in Deutschland in jedem Kalenderjahr Anspruch auf bezahlten Erholungsurlaub. Die Erholung dient der Wiederauffrischung der Arbeitskraft. Seinem Wesen nach ist es ein Freistellungsanspruch, der freilich geltend gemacht und angetreten werden muss. Er soll nicht durch Geldzahlung ersetzt und abgegolten werden. Die Dauer des Urlaubs beträgt mindestens 24 Werktage. Die Grundlage dieses Schutzes ist das Bundesurlaubsgesetz, dem Titel nach ein Mindesturlaubsgesetz genannt. Es erging im letzten Regierungsjahr von Bundeskanzler Adenauer, als die 1. Fußball Bundesliga gegründet wurde und Kennedy bekannte: „Ich bin ein Berliner". Im Gegensatz zu dem, was viele Arbeiter, Angestellte und Geringfügig Beschäftigte, für die es gilt, annehmen, handelt es sich beim Mindesturlaub nicht um ein Grundrecht im Sinne des Grundgesetzes, sondern um ein Privatrecht, das sich als Dienstvertrag §§ 611ff. BGB zum Maßstab genommen hat. Es gilt nach einer Europäischen Richtlinie in Deutschland mit unmittelbarer Wirkung. Die Anzahl der Urlaubstage fällt in den einzelnen Mitgliedsstaaten anerkannt verschieden aus. Überraschend ist, daß nach der EU Richtlinie die meisten anderen EU Staaten ein paar mehr Urlaubstage im Jahr beanspruchen dürfen. Freilich werden die Urlaubstage durch Tarifverträge ergänzt. Die Arbeitsstunden sind in den einzelnen Mitgliedsstaaten ebenfalls verschieden geregelt. Je nach Branche und Arbeitsgebiet fallen diese zusammenhängenden Regelungen verschieden aus. Das Land der unbegrenzten Möglichkeiten ist dasjenige, in dem es keinen gesetzlich geregelten Urlaub gibt. Die Auswirkungen des Arbeits- und Urlaubsrechts gelten als vorbildlich in Europa. In etwas mehr als einem Jahr wird auf der Basis des Koalitionsvertrags auch der gesetzliche Mindestlohn eingeführt, womit dann das Arbeitsjahr dem Kalenderjahr voll angepasst sein wird. Diese Arbeitsregelungen sind Teil der sozialen Marktwirtschaft und sie werden schon seit dem späten 19. Jahrhundert, genauer gesagt seit 1883, durch die Sozialversicherung und den Kündigungsschutz (und parallel den Mutterschutz) abgerundet. Es besteht Versicherungspflicht und es herrscht das Prinzip der Solidarität. Damit hängt zusammen, daß der Urlaub nicht ausgezahlt werden soll. Die Sozialversicherung ruht fiskalisch-geldlich auf einer an das Kalenderjahr angekoppelten Kapitalreserve, und nicht, wie in den USA, auf einem Aktien Portfolio. Die Geldreserve muss im Geiste des Generationenvertrags durch Beitragsleistungen oder Steuern aufgebracht werden. Heute sind die Sozialversicherungsleistungen innerhalb der EU durch Verordnungen und Abkommen ergänzt und gesichert. Es ist möglich, daß es eine Verbindung zwischen Persönlichkeitsentfaltung und einer deutschen Arbeitswelt, die so streng vorgeschrieben ist, besteht und, daß die Arbeitsmoral auf der Norm, der Absicherung und dem Urlaub aufbaut. Kommt alles auf rechtem Wege wie in einem Fugenschritt zusammen, besteht Anlass zur Hoffnung, daß die Arbeit sicher bleibt, so daß man auch mit Respekt räuspern kann: „Die Rente ist sicher."

7.1 Muss die Frage, in welchem Land der Deutsche sich heute am besten erholt, anders beantwortet werden als früher? Die Urlaubsauswahl-Industrie kann auf preisgünstige Angebote zurückgreifen, sie anbieten und vermarkten. Die Zeiten, als man mit dem <Käfer> oder dem <Borgward> (evtl. mit Anhänger und Zelt) in Italien seinen Urlaub auf dem Campingplatz verbrachte, sind vorüber. Mit der Verlagerung auf den schnelleren Flugverkehr, genauere Urlaubsziel-Beschreibungen, ändert sich auch die Ortswahl. Früher lagen die heimischen Ziele, heute die ausländischen im Preise günstiger. Etwa bis in die späten Neunziger Jahre verreiste und erholte man sich als Deutscher im Ausland, während man in den letzten zwölf Jahren zunehmend als Europäer in ein EU-Binnenland verreist. Die Loslösung aus der heimatlichen Verbundenheit bekommt einen veränderten Stellenwert und erklärt die Trendwende zum Urlaub in Bayern, Österreich oder die Schweiz, wo Deutsche, als Europäer reisend, Erholung suchen. Beachtlich ist der Wiederkomm-Effekt. Das angenehme Urlaubserlebnis soll wiederholt und kann im Internetportal leicht wiedergefunden werden. Bei der Urlaubswahl steht nicht nur die Erholungssuche im Mittelpunkt, sondern alternativ eine oberflächliche Schnellbindung an ausländisches Ambiente und Mahlzeiten. Der europäische Deutsche kann sein europäisches Ziel zur Ergänzung seiner Umorientierung und temporären Loslösung vom heimischen Herd suchen oder einen Heimaturlaub zur Festigung seiner Beheimatung antreten. Der Begründungszusammenhang der Frage, wo fahre ich dieses Jahr hin, ist veränderbar. Da der Urlaub kurz bemessen ist, handelt es sich oft um eine Flucht aus dem Alltag, welcher aus dem Blickwinkel der Erholung als monoton oder öde empfunden wird. Da der technische Stress groß ist, muss der Urlaub rasch einen Kontrast entfalten, manchmal auch bloß vorgaukeln (Thailand,

Shri Lanka, etc.). Modern konsumierte <Erholung> beruht auf Wechsel im Lebenstempo. Die Buchung des Traumziels und der Reiseantritt (wenn auch mit Rücktrittsversicherung!) verwandelt den Neu-Europäer in einen Traummann oder eine Traumfrau, die auf Abenteuer ausgehen. An den beliebtesten Reisezielen finden sich die Traumsuchenden zahlreich und möglicherweise störend wieder. So kann der Urlaub zur romantischen Flucht aus dem <gestressten> Alltag werden.

Der Beurlaubte ist für kurze Weile ein alter Ego seines Arbeitsportals. Er oder sie kehrt gekräftigt und erholt an seinen/ihren deutschen Arbeitsplatz zurück. Heutzutage besteht Erholung dieser Art aus einer Freistellung auch aus den Bindungen, die den Arbeitenden anstrengen oder sogar bedrücken. Der Einbau des modernen Menschen als <Vernetzter> garantiert nicht immer den gewünschten Aufstieg auf der Kabelbahn der Karriere. Der Urlaub reserviert zu Hause den gegenwärtig erreichten Berufszustand, aber keine Rangerhöhung. „Sage mir, wo du hinfährst, und ich sage dir, wer du sein möchtest". So ist es um den kurzen Wechsel in eine Alternativwelt bestellt.

7.2 Was ist Erholung? Erholung bedeutet eigentlich wieder gesund werden und ist somit aus der Medizin in die Arbeitswelt übernommen worden. Juristisch ist es ein allgemeines Menschenrecht für den Arbeitnehmer und eine allgemeine Menschenpflicht für den Arbeitgeber, also letztlich bloß eine Ablaufzeit im Lebenszyklus. Für Deutsche ist es ein besonderes Intervall, das die Lebenswelt zusammenhält. Ein Urlauber verfolgt jedoch nicht nur die Überwindung seiner Arbeitserschöpfung, sondern möchte sich von außen nach innen wiederherstellen, zur Jugendlichkeit zurückkehren.

Die Jugend erinnern heißt die Selbstentfremdung etwa am Fließband oder am Bürocomputer zurücknehmen wollen. Die Arbeit wird entlohnt; die Rückverwandlung kostet auch Geld, allerdings eins, das dafür bestimmt ist. Der Urlauber will seiner Berufsbelastung entfliehen, indem er in einem befristeten Zeitabschnitt seine Heimatstadt verlässt und in fremde Luft, in blaues Wasser, in klare Bergsicht oder in exotische Atmosphäre <eintaucht>. Sein Wochenrhythmus verlangsamt sich oder soll, je nach Typ, an Beschwingtheit zunehmen. In jedem Fall stimmt das Interesse des Chefs und des Beschäftigten überein: der Urlauber soll entschlackt, gekräftigt und gesünder zurückkehren zum Weitermachen-Können und zur Wiederaufnahme seiner Pflichten. Das ist ganz und gar einleuchtend.

Junge Menschen haben damit mehr Probleme als ältere. Schon der Begriff <erholen> klingt gesellschaftlich altbacken. Heute <entspannt> man, aber nicht mehr <sich> als Reflexionsergebnis, sondern wie eine Maschine, die einen niedrigeren Gang einlegt oder abgeschaltet wird. Hier stoßen wir auf den arbeitsrechtlichen Begriff Freizeit. Diese Zeitspanne wird während des Urlaubs eigenbestimmt, statt wie bei der Arbeit fremdbestimmt; es geht vorübergehend um Sport, Bildung oder schließlich nur noch um Wohlfühlen (wellness). Bevor der Urlauber und die Urlauberin sich auf den Weg machen, muss geprüft werden, was man sich zumuten kann, ob es eine andere Leistung als gewöhnlich sein muss oder ein <Abschalten>. Da viele Menschen (selbst Familienmitglieder) sich nicht genug kennen, um hier die richtige Ortsentscheidung zu treffen, entscheiden sie sich für ein <blind date place>, dessen Land und Sprache sie nicht oder nur wenig verstehen – sie können ja Englisch als Fremdsprache von der Schule her. Wo man sorgenbeladen hinfährt, soll man gereinigt wieder herkommen. Ein älterer Mensch erreicht schließlich den Zustand, nach den alten Gefilden oder Jagdgründen zu fahren, um wenigstens der Altorientierung gewachsen zu sein. Ironischerweise besteht die Flucht dann am Ende des Urlaubs; man flieht das Fremdgewesene und kehrt äußerlich, aber vielleicht nicht innerlich, in das Neugefundene heim. Wem die Stunde schlägt auf dieser Rückreise des Lebens, der weiß: „Auf Matrosen, ohé, einmal muss es vorbei sein...".

8.0 Gibt es so etwas wie einen moralischen Stumpfschliff im Gegensatz zum Feinschliff eines deutschen Mörderdolches? Erst kam das Verschweigen, dann kam die verbreitete Untat der Judenvernichtung allmählich ans Licht. Wie ein rollender Donner und zündender Kugelblitz. Denn es stand auch für ein ganzes Volk völkerrechtlich fest: „Du sollst nicht töten." Zu den „Missetaten der Väter" gehörte als erstes die Reichskristallnacht, die spontanorganisiert aussehen sollte. Verf. sah die schmölende Synagoge von Potsdam vor Augen, wo kein Wort davor gesprochen wurde. Am 20. Juli 1944 dachte sich der heranwachsende Verf., macht man so etwas am Oberbefehlshaber während des Krieges? Man schwieg darüber auch in der Familie. Rassisch ausgegrenzte deutsche und europäische Juden wurden damals generalstabsmäßig deportiert, vergast und ermordet. Wieder Schweigen. Denn: Feind hört mit! Schließlich verkündete die Militärregierung am Ende des Nürnberger Prozesses, den man am Volksempfänger verfolgen sollte: „Death by hanging!" Einerseits einverstanden, war der gute Name der Wehrmacht und das vergangene Heldentum der Truppen an der Front befleckt und es wurden die Verbrechen heimgesucht ... „bis ins dritte und vierte Glied" nach Exodus 34: 9. Demgegenüber steht die Bundeskanzlerin 2008 Rede und Antwort vor der Knesset in Jerusalem fünfzig Jahre später: „Die Narben der Vergangenheit heilen nicht innerhalb von zwei Generationen." Wann dann? Soll ein ganzes Volk an dieses einmalige Staatsverbrechen ständig erinnert werden und gibt es dafür eine narbenheilende Vergangenheitsbewältigung? Stehen uns Deutschen noch weitere sechzig Jahre Buße bevor? Und werden Verbrechen durch Wiedergutmachungs-Politik, kollektive und private Entschädigungen und geistige Aufarbeitung nicht abgegolten? Zwar verjährt der Völkermord nicht mehr, nachdem der Bundestag 1979 die Verjährungsfrist aufgehoben hat. Wie intensiv, wie oft und wie lange sollen wir also „mit einem Völkermord belastet" bleiben, „der, auf den Ortsnamen Auschwitz gebracht, für alle Zeit wie ein Kainsmal haftet"? Darf dem Verzeihen das Vergessen folgen?

Auf dem Gebiet der politisch-literarischen Kritik bereitete die Frage nationales Kopfzerbrechen: „Ist nach Auschwitz ein Gedicht zu schreiben, barbarisch?" Professor Adorno schrieb das der Schriftstellergilde vor. Im Zusammenhang mit dieser Problematik führte die Diskussion auch in der Gruppe 47 auf Paul Celans „Todesfuge". Celan war ein rumänien-deutscher, 1920 geborener Lyrik-Mehrsprachler aus Czernowitz, ein deutschsprachiger Übersetzer und Rezitator. Als er sein Gedicht auf Schallplatte aufnahm, konnte man hören, daß er Deutsch wie eine Fremdsprache mit Akzent sprach. Das wie ein Rezitativ vorgetragene Gedicht ist daktylisch im Versmaß und wiederholt den Kehrreim viermal und stellt das aschene, jüdische dem blonden, arischen Haar gegenüber. Die Verwendung der Hauptmotive ist in der Tat fugal und in einem makabren Sinne musikalisch im Aufbau. Ob Celan dem Gegenstand der Vergasung mit der Metapher „Milch der Frühe" dichterisch gerecht wird, bleibe hier dahingestellt.

Problematisch wird die aufgeworfene Frage, ob Deutschland für Israels Sicherheit haftet. Im Grundgesetz steht darüber nichts. Ob es verfassungsjuristisch zur „Staatsräson" der Bundesrepublik gehören kann, daß der sichere Bestand Israels garantiert bleibe, ist allenfalls im Sinne einer altmodisch gemeinten Präambel vorstellbar, nicht aber völkerrechtlich zwingend vorgeschrieben.

8.1 Es gibt neben Celans Todesfuge mehrere Tendenz-Gedichte in der deutschen Literatur. Eins davon beginnt bei Goethe, „Dichter lieben nicht zu schweigen...". Diese Tendenz hat sich bis heute selbst hinauf zu Nobelpreisgekrönten Dichtern nicht geändert. Bei Günter Grass geht es um einen Kommentar in Gedichtprosa zu seinem bisher geübten Schweigen zu Israel und der eigenen Schuld und sein nunmehr begonnenes Reden. Er ist aber auch eingedenk Goethes Warnung, wie es in dessen oben angefangenem Gedicht, „An die Günstigen", weiter heißt: „Niemand beichtet gern in Prosa;". Was beichtet Grass in seinem neuesten Gedicht? Grass' Prosagedicht zerfällt in zwei Teile, erstens, Überschrift mit Zeilen

1-36: was das Schweigen bisher verbarg; und zweitens, Zeilen 37-70: warum er das Schweigen jetzt bricht. Der Versbau ist gewollt unregelmäßig. Teil Eins variiert absichtlich unrhythmisch und asymmetrisch die Zeilenlänge [mit Überschrift] zu jeweils 5, 6, 6, 6, 13; Teil Zwei zu 6, 11, 12, 5 Zeilen. Im Ersten wird insinuiert, daß ein Atombombenabwurf nicht etwa heimlich, sondern offen in Planspielen geübt wird. Im Ernstfalle würden Menschen zu Fußnoten, d. h., bis zur Unkenntlichkeit verkohlte, geschrumpfte Leichen, nicht größer als Anmerkungen werden. Es schweigt von dem Erstschlag eines möglichen atomaren Präventivkriegs, der das iranische (gemeint teheranische) Volk auslöschen könnte, weil dort der Bau einer Atombombe vermutet wird, deren Konstruktion ein iranischer Maulheld (gemeint Achmadinedschad) behauptet und die, impliziert, gegen einen bestimmten Staat gerichtet wäre. Warum wird von ihm bisher jener andere Staat nicht beim Namen genannt? In diesem Land wird ein nukleares Potential gehortet, das einer Expertenkontrolle von außen nicht zugänglich, und daher in der Öffentlichkeit nicht überprüfbar ist. Dieser doppelte Tatbestand, die offene und die andere, geheimgehaltene, aber technisch wachsende und daher gefahrbringende Konstruktion, muss jetzt angesprochen werden, meint er, sonst bliebe am Autor eine Lüge hängen. Das Auflassen der vermuteten Wahrheit würde ihm den unberechtigten Vorwurf eines Antisemitismus einbringen. Dieser Verdächtigung braucht sich der schaffende Künstler Günter Grass nicht auszusetzen.

In seinem eigenen Land, wo ein Genozid als einzigartiges Verbrechen verübt wurde, und das deswegen immer wieder zur Rede gestellt wird, werden, als Wiedergutmachung dieses Verbrechens, Unterseeboote hergestellt und wird eines erneut nach Israel exportiert. Es könnte im Einsatz atomare Sprengköpfe auf den Iran lenken, wo die Existenz von einem Atomwaffenwerk vermutet wird, aber bisher nicht nachgewiesen worden ist. Weil diese Befürchtung als Beweis für den Selbstverteidigungs-Erstschlag gilt, ihn aber nicht hat, bricht der Dichter sein Schweigen. (Wir denken wegen der Shoa zurück an die Staatsräson).

Zum Inhalt des Zweiten Teils: warum Grass bisher schwieg, hängt mit dem Makel seiner Waffen-SS Mitgliedschaft [als Siebzehnjähriger] zusammen, die er lange Zeit verheimlicht hatte. Jetzt aber glaubt er, dem israelischen Publikum diese hier ausgesprochene Wahrheit als Tatsache einer Berichterstattung zumuten, also aussprechen zu können. Warum riskiert er es jetzt öffentlich zu sagen, dass Israel durch diese Atommachtspolitik den prekären Weltfrieden gefährde? Weil es rechtzeitig, und nicht sinnlos zu spät, gesagt werden muss? Weil wir Deutsche als Zulieferer des [sechsten?] atomaren U-Boots Mitanstifter eines solchen Erstschlags-Verbrechens werden könnten. Eine solche Mitläuferschuld wäre durch keine Ausrede reinzuwaschen. Grass will sich ihrer nicht mitschuldig machen. Er breche sein Schweigen ehrlich, weil er der „Heuchelei des Westens überdrüssig" sei; Als Abfasser hofft er, dass „sich viele vom Schweigen befreien" würden und „den Verursacher der erkennbaren Gefahr" [das kann Achmadinedschad und/oder Netanjahu sein] „zum Verzicht auf Gewalt auffordern". Das kann nur erreicht werden durch „permanente Kontrolle" „des israelischen atomaren Potentials und der iranischen Atomanlagen" seitens internationaler Behörden in beiden Ländern. Nur aufgrund dieser überprüfbaren, kontrollierenden Überwachung kann Israelis, Palästinensern und allen anderen Einwohnern dieser „vom Wahn okkupierten Region", und damit uns allen geholfen werden.

Es geht also in diesem Prosagedicht um die Niederlegung einer Tabuschranke vor der Gerechtigkeit: *audiatur et altera pars*. Eine Atombombe ist gefährlicher als drei feuernde Schlachtschiffe, selbst wenn sie von der Bestückung des kleinsten Kampfschiffs, dem U-Boot aus Deutschland, abgeschossen wird. Der Tod darf nicht wieder als Meisterstück aus Deutschland exportiert werden. Dem alternden Dichter darf es nicht länger die Sprache verschlagen. Paul Celan hatte es in seiner Gedichtsammlung *Gegenlicht* von 1952 [dem Jahr des Israelischen Antinazi-Einreisegesetzes] so formuliert: „Man redet umsonst von Gerechtigkeit, so lange das größte der Schlachtschiffe nicht an der Stirn eines Ertrunkenen zerschellt ist". Günter Grass denkt, solange die Sprache unversenkt bleibt, ihm seine Stirn als die einer *persona grata* erhalten bleibt. Er ist kein Diplomat, dem sie entzogen werden könnte.

8.2 Arbeit und Urlaub gehören leider nicht immer zusammen. Aber auch „auf Urlaub" und „on holiday" sind nicht immer deckungsgleich. Wo gehen wir Deutsche (nach Novalis) hin im Urlaub – immer nach Hause? Bei ihrem jährlichen Urlaub verreisen nach neueren Umfragen 55 % aller Deutschen im Jahre 2012. Beliebteste Urlaubsziele im Inland bildeten Bayern und das Ostseegebiet, also das Heimatland, und nicht mehr das Ausland, beliebtestes Reiseziel. Spanien blieb das führende europäische Auslandsreiseziel. Nur gut 50 % der Urlaubszeit, also ca. 12-14 Tage, werden überhaupt verreist. Ein Viertel aller Deutschen verreist wegen Geldmangel gar nicht. „Ost- und Westdeutsche Urlaubsvorstellungen" haben sich bis zur „Ausgeglichenheit" angenähert. Die zunehmende Vereinzelung „fördert den Wunsch nach Geselligkeit". Die Reisekosten belaufen sich im Schnitt auf € 1100. Auslandsreisen sind zur Zeit wesentlich teurer als Inlandsurlaub. 30 % der Niedrigverdiener oder der Arbeitslosen können überhaupt nicht verreisen. Alle Deutschen sehen aber durch die Bank immer noch Ferien als „die besten Wochen des Jahres" an und sparen rigoros für diese Zeit der Erholung. Früher waren USA, GB und Israel sehr beliebte Reise- und Bildungsziele, wo man bis zur Jahrtausendwende bevorzugt hinflog. Heute hat sich das Blatt gewendet. Es besteht nicht mehr ein Rückstau beim Demokratieverständnis, der Antisemitismus hat im Großen Ganzen abgenommen. Englisch als Fremd- und Hauptkommunikations-Sprache nimmt schulisch mit Abstand den bevorzugten Platz ein. Die Niedriglohn-Verdienenden werden kulturell an den Rand gedrängt. Sie erholen sich nicht mehr vom Arbeitsstress, weil sie mit einem Erwerb oder einer Unterstützung nicht mehr durchkommen. In diesem Dunstkreis des Heimatverlusts brodeln die Gefühle der Kurzschluss-Populisten und Rechtsradikalen auf. Aus dieser Gruppe rekrutieren sich Antieuropäer und Neonazis.

## IV. Zur Weitergabe des Deutschtums unter neueuropäischen Bedingungen unserer Zeit

Deutschtum bedeutet einerseits Zugehörigkeit zum Bund, vom Bundesstaat verliehen, aufrechterhalten oder entziehbar, andererseits Bürgerschaftsteilhabe von der Basis bis zur Spitze einer Pyramide, wie z. B. Kampener, Sylter, Nordfriese, Schleswig-Holsteiner, Deutschgeeinter. Die Angehörigkeit erweitert sich von oben nach unten, etwa wie beim Steuerzahler; die Teilhabe verengt sich von unten nach oben wie etwa im Amt eines Deichgrafen in der Landschaft Stapelholm, Nordfriesland. Deshalb müsste der <deutsche> Mensch neben Staatsangehöriger auch Landesbürger heißen. Das hat das Amtsdeutsch verhindert. Wie verschieden die Mentalität ist, bevor sie zivilrechtlich zum Ausdruck kommt, ersehen wir aus einem Vergleich mit Frankreich, geistig unserm engsten Nachbarn.

9.0 Es heißt im Art. 18 Code Civil, der als Bürgerliches Gesetzbuch aller Franzosen 1803 erlassen wurde: Jedes Kind, von dessen Eltern einer der beiden Franzose ist, ist ein Franzose. Nach Art. 19,3 ist auch ein Franzose, wenn einer seiner beiden Eltern in Frankreich geboren ist. Es gilt also sowohl das Abstammungs- wie auch das Blutsverwandtschafts-Prinzip. Anders nach dem Deutschen Bürgerlichen Gesetzbuch, abgekürzt das BGB, von 1900. Nach § 1 BGB beginnt die Rechtsfähigkeit des Menschen – nicht des deutschen Menschen – nach Vollendung der Geburt. Deutscher Abstammung zu sein, ist demnach trotz juristisch bereitstehenden Leibesfruchtverwalter, kein bürgerliches Recht. Staatsangehörigkeit und Bürgerschaft sind rechtlich nicht das gleiche. Bürger Hamburgs oder Bürger der EU sind Privatrechte, jedenfalls Rechte mit zivilrechtlichen Konsequenzen. Jetzt kommt die Überraschung: alle deutschen Staatsangehörigen sind nach Art. 17 des Maastricht

Vertrags automatisch zugleich Bürger der Europäischen Union. Die Unionsbürgerschaft ist keine eigene Staatsbürgerschaft, sondern ergänzt die nationale Staatsangehörigkeit nach Art. 20 des Lissabon Vertrags. Dies hatte unter „jede Rechtsnorm" Art. 2 EGBGB 1896 bereits festgelegt. Das darf man getrost als weise Vorausschau bezeichnen. Der Staatenverbund macht es abermals möglich.

9.1 Man fragt sich bei Abfassung dieses Punktes: wie steht es eigentlich mit der eigenen Abstammung als staatsbürgerliches Paradigma? Jemand sei z. B. 1927 bei seiner Einbürgerung in Berlin preußischer, und nicht deutscher Staatsbürger geworden. Auf diese Gewährung hin konnte ein solcher Neupreuße als Eingebürgerter z. B. seine Frau aus Schleswig-Holstein im gleichen Jahre heiraten. Voraussetzung zum Empfang seines Doktordiploms 1934 von der Technischen Hochschule Berlin war eine abzugebende arische Abstammungserklärung. Das kann man in einen Buch über Wernher von Braun, der den Dr.-Ing. von dieser TH ebenfalls 1934 empfing, nachlesen. Diese Bestimmung hat einen einschlägigen Hintergrund: Der kaiserlich deutsche <Amtsschimmel> ließ das Deutsche Staatsangehörigkeitsgesetz ab 1913 einstimmig auf Deutsch umwidmen; bis dato konnte es noch mehrstimmig, d. h. bairisch, fränkisch, hannoversch, westfälisch, usw. ertönen. Das Recht, wo man geboren war, galt. Es hieß (und heißt in den USA, wo es noch bis heute gilt) Bodenrecht oder lateinisch *jus soli* nach dem Motto: wo bist du geboren? Es wurde vor Ausbruch des I. Weltkrieges mit dem, noch aus dem 18. Jahrhundert stammenden, wissenschaftlicher klingenden Blutrecht, lateinisch *jus sanguinis,* ersetzt, nach dem Motto: von welchen Eltern stammst du ab? Auf diese Weise war es auch einfacher, junge Leute, die sich im Ausland aufhielten, „heim ins Reich" zum Militärdienst einzuziehen. Die deutsche Nationalität ist also aus militärpolitischen Verwaltungserwägungen erst im frühen 20. Jahrhundert passrechtlich geschaffen worden. Ab 1919 öffnete die Regierung Ebert-Scheidemann das Auswanderungsventil, indem sie in Artikel 112, Absatz I Weimarer Reichsverfassung die alte Auswanderungsfreiheit wieder verbriefte. 1934 langte der Arm des Gesetzes zu, indem er die überlandsmannschaftliche Zugehörigkeit „deutsch" in reichsdeutschen Pässen vorschrieb. Bis dahin hatte dort nämlich Bayern, Franken, Hannover, Westfalen, usw. gestanden. Das Grundgesetz von 1949 garantiert die Auswanderungsfreiheit nicht mehr ausdrücklich. Deshalb reagierte ein zuständiges Generalkonsulat, wenn man zu lange im Ausland gelebt hatte, mit einer Entziehung der deutschen Staatsbürgerschaft und somit der Desavouierung des Abstammungsprinzips, als ob sich das Blut, im Ausland lebend, verdünnt haben könnte. Nach der Erlangung der US *citizenship* muß man seinen deutschen Pass (bei Zuwiderhandlung unter Androhung einer Strafe) beim zuständigen Generalkonsulat zurückgeben. *So long* Abstammung! Ironisches historisches Nebenergebnis: futsch die arische Reinheit! Kommt man dann nach Deutschland, z.B. nach Nord-Rhein-Westfalen, um arbeiten zu dürfen, zurück, so muss die amerikanische *citizenship* als nicht-europäische niedergelegt und der amerikanische Pass zurückgegeben werden, bevor man wieder (diesmal natürlich ohne Ariernachweis) <eingestammt > wird. *Bye bye* Boden! Ein paar Tage Zwischen-Staatenlosigkeit verstehen sich von selbst. Auf diesem Wege können sich in einer deutschen Familie österreichische, tschechische, reichsdeutsche, DDR- und bundesdeutsche Pässe leporelloartig zu Hauf gesammelt haben. In einer solchen nicht unhäufig vorkommenden deutschen Familie gratuliert man sich ob dieser Fülle von Pappe und Papier. Sie riechen förmlich und sehr unterschiedlich nach versiegelnder Herstellung. Deutschland konnte jedenfalls bis vor kurzem noch „von und zu Staat" machen. Heute herrscht vertragliche Anpassung zu seinen Nachbarstaaten und doppelstaatsbürgerlich gezügelte Aggressivität.

9.2 Als Europäischer Bürger kann ich mich als Deutscher in allen anderen 27 Mitgliedsländern unbehindert niederlassen, wovon, wie wir gesehen haben, nur wenige Landsleute Gebrauch machen. Man zieht nicht gerne dorthin, wo man die anderen nicht versteht und immer als Ausländer bzw. Zugereister empfunden und abgelehnt wird. Das kann einem auch in einem anderen Bundesland, besonders einem süddeutschen Freistaat, passieren. Die Berechnungsgrundlage für Fahrkarten ins EU-Ex-Ausland ist vereinheitlicht. Die Angaben auf Verpackungen von Esswaren sind standardisiert und mehrsprachig. Die Gurken sind echt unkrumm, die Bananen hübsch gerundet. Das alte Lastschriftverfahren der Banken wird in Kürze von der Single Euro Payments Area (SEPA) abgelöst. Die IBAN Nummer wird in den europäischen und internationalen Bankverkehr eingespeist. Wichtige Forschungsbibliotheken wie z. B. die Kongelige Bibliotek Kopenhagen stellt einen geschützten Access Code für geschätzte Benutzer zur Verfügung.

Man darf die Loire Schlösser und die an dem Loir Fluss noch einmal bewundern. Leider gibt es im Euroland allerdings überall nur knapp kostendeckende Eintrittsgebühren. Was für eine Erleichterung, bei einem Urlaub in der Bretagne nicht mehr an Les Vacances de Monsieur Hulot und seinen eigenartigen Aufschlag beim Tennis denken zu müssen. Das Neuland verspricht direktere Emotionen. Und – wenn es Ärger im fremden Straßenverkehr gibt, sollte der Schadensverursacher seinen Strafzettel vor Ort lieber gleich bezahlen, weil er ihn früher oder später doch an seinem Heimatort einlösen muss. Auch für Angler auf Ferien gilt: there is no free lunch in United Europe either.

Im Alltag sieht das wirtschaftliche Bild unübersichtlich aus. Die Pro-Kopf Produktivität der deutschen Arbeiter in der EU ist hoch. Infolgedessen exportieren gut aufgestellte deutsche Firmen weit über dem Durchschnitt in die EU. Der Binnenkonsum an Gütern in Deutschland wird in Brüssel parallel dazu als zu niedrig angesehen. Da aber die Schuldenkrise Auswirkungen auf das Konsumverhalten hat, andererseits nennenswerte Zinseinnahmen durch Sparsamkeit nicht erzielt werden können, muss der Einzelne zu Hause und außerhalb Vorsicht walten lassen. Der deutsche Arbeiter hat mit einer binnenländischen Inflation zu rechnen. Infolgedessen hält er sich in seinem privaten Konsumverhalten zurück. Absichtlich gesteuerte Preissteigerungen zugunsten anderer Importländer der EU lehnen die meisten Deutschen ab. Sie glauben nicht an solche indirekten Hilfen an EU-Defizitländer, selbst wenn sie dem Produktionsausgleich dienen. Privatrechtlich entspräche ein solches Verhalten weder den nationalen Tugenden noch den bewährten Traditionen. Daran muss eine geschicktere Überzeugungsarbeit geleistet werden. Ob der Erziehungselan moderner Eltern aus deutschen Kindern europäisch Heranwachsende machen kann, bleibt zu hoffen. Zuversicht erscheint begründet.

10.0 Die deutsche Nachwuchsförderung könnte als ein Mischsystem bezeichnet werden. Bildung und Ausbildung sind zwischen Schulpflicht und Schulrecht angesiedelt; der Zugang zur Schule zwischen Chancengleichheit und Vermögensungleichheit. Das Recht auf Bildung ist nur ein vages Menschenrecht und kein Grundrecht, das im Grundgesetz geregelt wäre. Infolgedessen ist die Bildungsförderung verbesserungsfähig. Sie wird im Koalitionsvertrag nicht hervorgehoben, geschweige denn festgeschrieben. Seit 1971 regelt das Bundesausbildungsförderungsgesetz (BAföG) als Bestandteil des Sozialrechts die Chancengleichheit bei der Ausbildung und beim Studium. Als öffentliches Recht ist das Bafög einklagbar. Es wird bei jährlichen Preissteigerungen nicht automatisch erhöht und angepasst. Jedes Mal, wenn eine konservative Regierung die Verantwortung übernimmt, wird die Auswahlberechtigung merkbar kleiner; übernimmt diese eine sozialdemokratisch angeführte Regierung, werden die Rückzahlbedingungen gelockert. Nach der jetzigen Bafög Regelung herrschen teilweise rückzahlbare Darlehenstypen vor. Heutzutage bekommen etwa 25 % aller Studenten Bafög. Hat eine Studentin oder ein Student Geschwister, wird die Abrechnung kompliziert. Im Schnitt ist die Hälfte des empfangenen Betrags regelentsprechend rückzahlbar. Nur das Erststudium kann gefördert werden. Es handelt sich wegen des niedrigen Betrags, der knapp das Existenzminimum ausmacht, unter € 700 nicht um ein wirkliches Stipendium, sondern um eine Zuzahlung. Daher muss ein nicht-begüterter Studierender zwischen Bachelor und Master Grad entweder eine Nebenarbeit oder ein Darlehen, und nicht selten beides, aufnehmen. So gehen sehr viele Studenten, sobald sie ihr erstes Gehalt empfangen, verschuldet ins Berufsleben. Besonders gravierend wirkt sich das beim Medizinstudium aus. Wenn man alle Aspekte zusammenrechnet, erhellt ein Ergebnis: es ist in Deutschland besonders schwer, bei guter Begabung und schmalem Geldbeutel der Eltern, ein Universitätsstudium durchzusetzen. Da am oberen Ende der zusätzliche Master-Abschluss unlogisch bereits als Zweitstudium gilt, ist die berufseinstiegförderliche Qualifizierung ärmeren Studenten oft verwehrt. Bürokratisch baut nicht jeder Master auf, sondern ergänzt das Erststudium. Ob vorgeschriebene Notendurchschnitte vorliegen müssen, ist wahrscheinlich in jedem Studiengang verschieden. Da jedoch Studiendauer-Regelungen bestehen, kann man sich leicht vorstellen, wer nach etwa 2/3 des Studienablaufs, noch vor der sog. Scheinfreiheit, in geldliche Schwierigkeiten und in die Gefahrenzone eines unfreiwilligen Studienabbruchs gerät. Das Bafög kann auch bei einem Studium im Ausland an Deutsche gezahlt werden. EU-Ausländer, die langfristig in Deutschland leben, sind grundsätzlich auch Bafög-bezugsberechtigt.

10.1 Was in Deutschland fehlt, ist die akademisch-emotionale Verbundenheit zwischen den undergraduates (bis zum Bachelor) und seiner alma mater. Das liegt letztlich an der Kluft, die heute immer noch zwischen Dozenten und Studierenden besteht. Die Kultur des genau ausgetüftelten Empfehlungsschreiben ist unterentwickelt. Wenn man seine Studenten kaum bei Namen kennt, wie soll ein Professor ihn dann Jemandem nachdrücklich empfehlen? Diese Fremdheit gesellt sich dem Staat und seiner Rolle als Interessent und Nachwuchsförderer bei. Wo fungiert auf dem Universitäsgelände das entsprechende deutsche <fund raising>? Studenten sollten gleichzeitig Graduierende und Geldgeber-in-spe sein. Dieses System ist in Deutschland unausgebildet und instrumentalisiert. Ein Kommilitone ist manchmal ein Kumpel, seltener ein Freund für's Leben. So wie Professoren meist noch immer lieber forschen als unterrichten, so mangelt es an einer echten Verbundenheit zwischen den Generationen. Vielleicht hilft es auch nicht, daß man an getrennten Daten graduiert und nie zum <homecoming> zusammenströmt, wo man an amerikanischen Privatuniversitäten ganze Lehrstühle und Stipendien stiftet, z.B. Woodrow Wilson, Fulbright, etc. Man sieht es den Herren mit der Kreissäge auf dem Kopf und dem vollgefülltem Scheckbuch in der Tasche an, worauf es ankommt. Meistens ist das akademische Schlusslicht der großzügigste Spender. Der privatrechtliche Status eines deutschen Stipendiaten ist dagegen ungesichert und bleibt nahezu anonym. Die alten Herren stiften Freibier und schwärmen generationsgespalten von den guten alten Zeiten. Sie zücken das Commersbuch. Die Universitäten wollen sich ähnlich sein und werden von campusfernen Kulturministerien eingeengt und manchmal sogar selbst zu einer Rückzahlung gezwungen.

10.2 Die Bafög-Rückzahlung zeigt als Prozess die Kehrseite des isolierten Empfängers. Zwar beginnt sie erst nach einer gewissen Schonzeit. Aber nach Rückzahlungsbeginn agiert die Quästur wie eine Darlehensbank. Gerät ein Schuldner in Verzug, so kann die Behörde eine Stundung gewähren. Die Rückzahlungsschuld ist auf € 10,000 begrenzt. Der Termin der Abzahlung beginnt erst fünf Jahre nach der Höchstdauer einer Förderung. Bei guten Noten gibt es einen Teilerlass. Es ist leichter, an einer Heimatuniversität durchzustudieren, als sich auf die akademische Walz zu begeben. Bei früher Rückzahlung gibt es „satte Rabatte".

11.0 Bei öffentlich ausgetragenen Fußball National Spielen wird rituell das Deutschlandlied vorab gespielt und mitgesungen. Es soll bei einer solchen Gelegenheit daran erinnert werden, daß die Fußball Stars nicht für sich, sondern für Deutschland spielen. Es handelt sich dabei um einen Brauch, und nicht um den Ausdruck von Nationalstolz, wie noch beim „Wunder von Bern". Von einer Singpflicht der Nationalmannschaft oder der Zuschauer kann keine Rede sein. Mehrere Spieler und Zuschauer beherrschen die Hymne nicht. Entweder kennen sie den Text nicht genau oder sind (wie einst der Führer selbst) unmusikalisch. Da die Übertragung akustisch oft zu wünschen übrig lässt, haftet der Eröffnungsfeier etwas leicht Peinliches an. Es gibt sonst wenig öffentlichen Anlass zum Absingen, etwa beim Großen Zapfenstreich der Bundeswehr. Daher steht das Publikum diese Vorspielfeier gefasst durch. Man möchte sich eigentlich auch zu Hause erheben, außer, daß man sich dann in der Familie lächerlich machen würde und hängt seinen Privatgedanken sitzend nach. Zwar ist die Bundesflagge nach GG Art. 22 schwarz-rot-gold; aber die Nationalhymne, 3. Strophe, ist von Adenauer und Heuss im Briefwechsel bestimmt worden. Hier haben zwei <hohe> Politiker als Parteisprecher an wichtiger Stelle „mitgewirkt". Beauftragt waren sie dazu nicht. Die dritte Strophe hat im Kampf um die Erhaltung des Deutschen Staates als Begleitmusik überlebt. Nun ist die Zeit für eine Reflektion darüber gekommen.

Nach der Wiedervereinigung konnte es nur eine Frage der Zeit sein, bis jemand versuchen würde, unsere ursprünglich dreistrophige Nationalhymne aufzuarbeiten. Nachdem zwanzig Jahre zum Nachdenken verstrichen sind, wird der Leser gefragt, er möge überprüfen, ob dieser revidierte Text entsprechend der neuen europäischen Rechtslage bei den Grenzen und auch sonst angemessener formuliert werden könnte. Nach 1990 geht es ja nicht mehr um die ursprünglich zu erstrebende „Einigkeit und Recht", sondern um eine im Recht schon vollzogene Einheit. Die abgerissene dritte Strophe alter Fassung ist wie bei Hoffmann von Fallersleben auf einer noch nicht vollendeten Einheit aufgebaut und hinterlässt als nicht mehr grundgesetzkonformer Text politische Verwirrung. Diese und andere Schwierigkeiten lassen sich angesichts der weiterentwickelten Verfassungsgeschichte ausräumen und ganzheitlich beheben. Die vertraute Melodie aus Haydns Kaiserquartett trägt auch den neuen Text.

Zur 1. Strophe: der Grundgedanke sollte trotz historischen Missbrauchs im Rahmen der alten Flussgrenzformel „von... bis" (auf Walter von der Vogelweide und das Annolied zurückgehend), weil es keine anderen, ursprünglich „Hraine" genannten, Landes-Grenzen gibt, beibehalten werden, indem die neuen Grenzen, auf die sich Deutschland 1990 verpflichtet hat, dichterisch korrekt wiedergegeben werden. Zur 2. Strophe: synchronisiert man die Gleichstellung von „West" und „Ost" verfassungskonform mit der Gleichberechtigung von Mann und Frau, oder wie bei Goethe im West-Östlichen Divan von 1819, so ergibt sich ein überraschend lebendiger Zusammenhang, den man dichterisch ausbauen darf. Beim Wein muss man des Bieres wegen politisch vorsichtig formulieren. Zur 3. Strophe: Das Vaterlandslob kann nun mit dem logisch aufgebauten, politisch bekennenden Zusammenhang der Vorstrophen wieder verklammert werden. Insgesamt bleibt die Sangbarkeit des Texts erhalten: man singe das Lied laut!

Deutschlandlied     [in vereinter Fassung]

1. Deutschland, Deutschland doch vereinigt,
West und Ost zusammenhält,
wenn es heut in Recht und Freiheit
neu geachtet in der Welt.
Von dem Rhein bis an die Oder,
Konstanz bis zur Bucht von Kiel.
Deutschland, Deutschland, bleib vereinigt,
denn Du bist mit Glück am Ziel.

2. Frauen gleichberechtigt Männern,
Mosel, Rheinwein mit Gesang
sollen in der Welt behalten
ihren lustig, hellen Klang.
Uns zu frischer Tat begeistern,
tätig sein ein Leben lang.
Männer gleichberechtigt Frauen
stimmet ein in Wettgesang.

3. Einigkeit in Recht und Freiheit
lebt im deutschen Vaterland.
Dafür lasst uns alles geben
brüderlich mit Herz und Hand.
Einigkeit in Recht und Freiheit
sind des Glückes Unterpfand.
Blüh im Glanze dieses Glückes,
blühe, deutsches Vaterland!

Das originale Deutschlandlied richtete sich u.a. gegen das Haus Habsburg als Hort der Unterdrückung von Arbeitern und Studenten. Die neue dreistrophige Österreich Hymne nach einer Melodie von Mozart lobt in ihrem Text von 1946, der in einem nationalen Wettbewerb gesiegt hatte, das Land als geliebte und nicht länger der Unterdrückung ausgesetzte Heimat. Die deutsche Nationalhymne, 3. Strophe, lobt rückwirkend nationale Tugenden. Die österreichische verbindet den Österreicher mit seinem Land, indem es das „vielgerühmte" (1.), „vielgeprüfte" (2.) und „vielgeliebte" (3. Strophe) Österreich preist. Das Verhältnis der beiden Texte untereinander besteht nicht mehr. Das „deutsche Vaterland" wird am Anfang und am Ende unseres Texts aus dem Zusammenhang gelöst, eigentlich nur schüchtern erwähnt. Es fordert in dieser Form den Deutschen von heute nicht mehr zur nationalen Integration heraus. Die naive Freude, ein Deutscher oder eine Deutsche zu sein, wird vom Text nicht mehr angeregt. Das lässt sich, wie gezeigt, nach der obigen Fassung ausbügeln.

Das <Reichische> bleibt von Österreich für immer abgetrennt, weil es Deutschland auch nicht mehr vorbehalten ist. Was nicht mehr dazu gehört, ist nicht verloren, sondern vergangen. Es wird als Eigenstaat für sich dem großen Nachbarn ein Beispiel geben. Alt-Österreich hätte durch eine Maria-Theresia-Mutter verkörpert werden können, deren Ehegatte, der deutsche Kaiser, sein väterliches Herzogtum Lothringen zugunsten des Kaisertitels aufgeben musste.

Das Verhältnis des alten Texts zu Deutschland ist gegenwärtig gestört. Das „deutsche Vaterland" wird am Anfang und am Ende, aus dem Zusammenhang gelöst, nur noch am Rande erwähnt. Es fordert in dieser Form den Deutschen von heute nicht mehr zur nationalen Integration heraus. Die integrierende Neufassung des alten Zusammenhangs verkörpert wieder den Sinn einer Deutschen Nationalhymne. So können sich Deutsche, wenn sie sich offiziell versammeln, ihres echten Deutschtums, statt wie jetzt, einer einstrophigen Deutschtümelei, freuen und es besingen, wie es sich gehört.


11.1 <Shitstorm>, zu Deutsch Netzwerkhetze: bei dessen Auftreten wird eine Kernfrage aus dem Blickfeld verloren. Sehr rasch geht dann aufgrund von Schmähe, Hetze und Rufmord die Kontrolle verloren. Auch der ursprünglich bestehende Zusammenhang mit dem amerikanischen Militärjargon ist schon weggefallen. Er entwickelte sich vornehmlich um eine ungelöste soziale Frage, die Sachkunde erfordert hätte, die aber während der Auseinandersetzung durch Internet Benutzer verloren gegangen oder aufgegeben worden ist, und die nun verdrängt wird. Dieser Sturm im Wasserglas verbreitet sich als Kakophonie im Geeinten Europa.

Die Fanclubs haben sich wahrscheinlich am mächtigsten in ihrer Wirkung um Bayern München, Borussia Dortmund und Schalke 04 entwickelt. Gleich hinter den Fußballfans rangieren die Automobil-

Fanclubs z. B. für Volkswagen und die Sportclubs der Nationalmannschaften verschiedener Sportarten. Der DFB hat Richtlinien zur Fanbetreuung in den Vereinen aufgestellt. Es geht dabei um die Verhinderung von Angriffen durch Stinkbomben und die Wiederherstellung der Ordnung in den Rängen. Die Zurschaustellung wird als sportliche Leistung zur Steigerung des Dazugehörigkeits-Gefühls und des Selbstwertes organisiert, und Maßnahmen zur Stadionordnung ergriffen. Parallel zu den Fanclubs der Vereine gibt es auch Störclubs von sog. Hooligan Fans, die von gewaltbereiten Anhängern angeführt werden. Schon der geringste Anlass kann eine Schlägerei auslösen, die sich schnell zu einer Zurschaustellung als Kraftmeierei steigert. Wie bei einem Landfriedensbruch wird lange vor dem Spiel die sog. <dritte Halbzeit> verabredet und organisiert. Der Zusammenhang zwischen Langeweile, dem Vergnügen am Stumpfsinn und gewalttätigen Ausschreitungen ist von der Soziologie noch nicht gründlich genug erforscht worden, um hieb- und stichfeste Zusammenhänge aufzudecken. Der Europäische Frieden wird auf ähnliche Weise gestört.

11.2 Oberhalb der Fanclub-Exzess-Ebene gibt es noch ein Emporkommen alter Untugenden auf den Territorien der EU-Mitgliedsstaaten: Man kann die Befürchtung nicht verhehlen, daß Anhänger dieser im Grunde irrationalen Politikrichtung das Verderben der Europa Union herbeiwünschen. Sie sehnen sich nach schnellen Lösungen, die als Unkraut den Gedeih des viele Früchte tragenden Garten zunichtemachen sollen. Diesen auf politische Wüstung zielenden Tendenzen und Hetzreden mit Leugnung des Holocausts muss aus Brüssel energisch die Stirn geboten werden. Die Erziehung von jungen Deutschen als Europäer darf nicht auf Ressentiments aufgebaut werden. Das Vereinte Europa ist unumkehrbar und, nach Erreichung ihres Endziels, der Finalität aller Beitritte, so ästhetisch klingend wie eine vollendete Sinfonie.

## V. Die deutsche Sprache als privatrechtlich nicht geschütztes öffentliches Kommunikationsmittel

Es gibt keine Französische Akademie in Deutschland, die über die Einheitlichkeit und Qualität der deutschen Sprache Wache hielte. Die Gebrüder Grimm erarbeiteten die historische Herleitung der Deutschen Sprache, Konrad Duden machte Vorschläge zur Vereinheitlichung derselben. Der Duden möchte ein Gesamtwörterbuch sein, ist aber auf dem Wege dahin immer noch ein, zwar sehr zuverlässiges, aber nicht maßgebliches Rechtschreibbuch, das sich neuerdings mit hastiger Schnelligkeit ändert. Das Grundgesetz hat bisher davon abgesehen, Deutsch als Landessprache aufzuführen. Die Initiative einiger Parteistrategen 2008, eine Grundgesetzänderung, „Die Sprache in der Bundesrepublik ist Deutsch", durchzudrücken, ist zum Glück gescheitert. Die Sprache hat sich seit über 30 Generationen vom Althochdeutschen bis zum Neuhochdeutschen selbständig, wenn auch nicht ohne Schulung, entwickelt. Das Deutschsprechen endet nicht immer an den Grenzen der Bundesrepublik. Deutsch hat es nicht nötig, während einer Ebbe der Sprachpflege von Politikern in Schutz genommen zu werden. Eine Landessprache hat eben keinen Verfassungsrang, sondern ist jeder Verfassungsperiode vorgegeben. Deutsch ist weder öffentlichrechtlich definiert oder gar patentiert, es ist aber auch privatrechtlich nicht geschützt. Oft geschmäht, kann es zivilrechtlich nicht verklagt werden. Es ist, wie schon seit Jahrhunderten, die meist gesprochene Muttersprache und die meist geschriebene Vatersprache in Europa.

Da einige Amtssprachen der EU in mehr als einem Staat gesprochen werden, gibt es auf der Sprachenkarte nur vierundzwanzig in 28 Mitgliedstaaten. Englisch, Französisch und Deutsch gelten im

Organen-Verkehr der Kommission als Arbeitssprachen. Deutsch hat also den Status einer europäischen lingua franca, die es seit dem Mittelalter eingenommen hatte, wiedererlangt. Nach der <Goldenen Bulle> von ca. 1365 Kaiser Karls IV., eines böhmischen Luxemburgers, wurde es den Kurfürsten empfohlen und ihren Kanzleien aufgegeben, sich neben des Deutschen des Lateinischen, des Italienischen und des Tschechischen zu bedienen. Es wurde aber auch verfügt, daß die „Söhne, Erben und Nachfolger der Kurfürsten vom siebten bis zum vierzehnten Lebensjahr" in diesen drei Sprachen unterrichtet werden sollten. Wichtig in unserem Zusammenhang ist die Begründung: es seien in seinem Reich die drei meist gesprochenen; und so wie diese vier Kanzleisprachen, deutsch mitgerechnet, „von Nutzen und von Notwendigkeit" gehalten werden, so erfordert der heutige Arbeitsverkehr in Brüssel untereinander eine vergleichbare Regelung. Französisch ersetzt dabei das Renaissance-Italienische, Deutsch als die in der EU am häufigsten gesprochene, oft geschriebene Sprache bleibt erhalten; Englisch als am häufigsten gesprochene und geschriebene Verkehrssprache rückt nach und ersetzt das Kaufmanns- und Gelehrten-Lateinische. Nur das Tschechische hat seinen Rang, den es im 14.-16. Jahrhundert genoss, eingebüßt, obwohl es 2004 wieder zur europäischen Amtssprache geworden ist. Dies wird der wissenschaftlichen Bohemistik neuen Auftrieb geben. Sie wird auch der nach Karl IV. benannten Prager Universität neben dem alten, unter ihrem Rektor Jan Hus entfalteten, neuen Glanz verleihen; ist sie doch die älteste Universitätsgründung im deutschen Sprachraum Mitteleuropas gewesen und hat diese Funktion von Anfang an auf höchstem Niveau und im 19. Jahrhundert auch auf Tschechisch, für Europa ausgefüllt. Die Abschaffung des Lateinischen als universitäre Zulassungssprache, besonders in der Rechtswissenschaft, Medizin, Theologie, Geschichte und Politologie, an den Hochschulen Nordrhein-Westfalens, ist eine kurzsichtige, anti-europäische Maßnahme, die von der Warte der EU aus als unklug eingestuft werden muss. Sie sollte von Straßburg und Brüssel aus gerügt werden. Denn daß Latein bei der theoretischen Grundlegung der tschechischen (1533) und deutschen (1534) Grammatik bis zum 16. Jahrhundert entscheidende Geburtshilfe geleistet hat, kann nur von Nichtwissern bezweifelt und heute für unnütz gehalten werden. Leider stimmt immer noch: was Hänschen nicht lernt, lernt Hans nimmermehr.

12.0 Es muss einem beliebig-sprachigen Zuhörer bei Pressekonferenzen in Deutschland auffallen, daß ausländische Journalisten ihre Fragen an deutsche Politiker in einer Fremdsprache, vornehmlich Englisch, stellen können. Das wäre in Frankreich oder England nicht üblich. Hier stoßen zwei Traditionen aufeinander, die Mehrsprachigkeit und die Fremdsprachenunkenntnis. Zum ersten Bereich gehören das Übersetzen, das Dolmetschen und die Simultanhörkonferenzen. Bei ausgebildeter Mehrsprachigkeit würden diese Hilfsmaßnahmen weniger ins Gewicht fallen. Die Mehrsprachigkeit wird bei EU Parlamentsdebatten übertragen, bei schriftlichen Vorlagen der verschiedenen Organe und ihrer Büros wird sie der Eile wegen oft vernachlässigt. Die Umgruppierung des EU Kommissariats für Mehrsprachigkeit zeigt, daß Deutsch in der Verkehrspraxis noch weniger wichtig als Französisch ist, das in der EU ursprünglich vor Englisch lag. Reichlich viele Dokumente werden nur teilübersetzt oder existieren nicht auf Deutsch, obwohl es eine der drei offiziellen Amtssprachen ist. Nicht einmal alle Dokumente, die von Brüssel an den Deutschen Bundestag gerichtet werden, sind wie vorgesehen auf Deutsch verfasst. Die Brüskierung ist wahrscheinlich nicht beabsichtigt. Ist die Vorlage auf Deutsch, so enthält sie nur stark verkürzte Auszüge, die sich der Bundestag gefallen lässt. Das wiederum ergibt ein heikles Problem: Berufspolitiker mit schmälerer Bildung sind fremdsprachlich-juristisch nicht immer genügend versiert, um der Debatte in einer Fremdsprache folgen zu können. Also lauscht der Abgeordnete nur einmal; eine schriftliche deutsche Fassung geht ihm nicht zu.

Wie ist es um die deutsche „kulturelle Präsenz" in Brüssel bestellt? Wichtige Bundesländer wie Bayern repräsentieren sich dort gerne selbst wie früher die Duodezfürstentümer. Es kommt ihnen dabei auf ihre Unabhängigkeit von Berlin an. Es kann nicht nachdrücklich genug betont werden, daß die Mehrsprachigkeit in einem Staatenverbund ein anderes Gewicht trägt als in einem einsprachigen Bundesstaat. Denn im ersten wird gleichzeitig und gleich verpflichtend das Recht mehrsprachig formuliert und bindend vorgeschrieben. Die Zielvorstellung muss also auch auf Deutsch verstehbar sein (so BVerfGE 12.10.1993, 2 BVR 2134/92, BVerfGE 89, 155). In der Praxis wird Deutsch als eine der drei Amtssprachen zwar nicht absichtlich diskriminiert, wohl aber nicht zufällig vernachlässigt. Es wird den Leser nicht überraschen, daß sich nach dem Handlexikon der Europäischen Union die EU Kosten des Dolmetschens und der Übersetzungen auf nicht mehr als 1% des Gesamthaushalts belaufen. Jede EU Übersetzerin übersetzt im Jahr ungefähr eintausend Seiten. Es liegt also nicht am Geld, daß Deutsch europasprachlich nicht gut abschneidet.

12.1 Die EU als Schwergewicht stellt 500 Mio Einwohner über 4.4 Mio qkm auf die Waage. Das 7. EU Parlament läuft Anfang Mai 2014 nach fünfjähriger Amtszeit aus. Die nächsten Europawahlen für die 8. Wahlperiode sind auf den 22.-25. Mai 2014 festgelegt. Es gilt das Verhältniswahlrecht ohne 5 % Hürde. Mehr als ein Drittel der Abgeordneten sind Frauen. Die Abgeordneten werden nach Parteien in den einzelnen Mitgliedstaaten gewählt. Die sechs einwohnerstärksten Länder erhielten die folgende Anzahl von Sitzen: Deutschland 99, Frankreich 74, Großbritannien und Italien je 73, Spanien 54 und Polen 49 Stimmen. Diese machen zusammengezählt 55 % der insgesamt 766 Abgeordneten aus. Die kleineren Staaten sind im Parlament ihren Einwohnern entsprechend vertreten, sind jedoch im Ministerrat überrepräsentiert. Bei Parlamentsabstimmungen müssen mindestens 15 Länder, die 325 Mio Einwohner repräsentieren und 65 % der EU Gesamtbevölkerung zustimmen. Die EU Parteien entsprechen nach ihren Programmen ungefähr dem deutschen Parteienspektrum: 1. Die EVP oder Christdemokraten haben 262 Abgeordnete (A), aber 275 Fraktionsmitglieder (F); 2. Die SPE oder Sozialdemokraten stellen 170 A, aber 190 F; 3. Die Liberalen haben 75 A, jedoch 85 F; 4. Die Allianz der Konservativen hat 51 A und 55 F; 5. Die Grünen haben 46 A und 58 F; 6. Die Linken haben 15 A und eine erweiterte Fraktion von 35; 7. Die restlichen sog. Extremen Parteien kommen auf 59 A. Bei 766 Sitzen besteht noch eine Streuung von 68 Sitzen, die über das ganze Parlament verteilt sein werden, (dessen Sitzordnung nicht nach Staaten gruppiert ist), den aber der Verf. nicht weiter verfolgt hat. Ob die nächste Europawahl Rückwirkungen auf danach anstehende Europaweite Länderwahlen haben wird, sollte sich erweisen. Ob aber die bestehenden Großen Koalitionen in Österreich und Deutschland, umgekehrt gesehen, die entsprechenden Sitzverteilungen im EU Parlament beeinflussen werden, wird sich im Frühjahr zeigen. Die EU Parteimitglieder verfolgen staatenverbindende Ziele und vertreten keinen Wahlkreis, wohl aber indirekt ihre Region in der Heimat. Es wird sich eine erneuerte Europäische Loyalität herausbilden müssen, die Rückwirkungen auf das Wesen der nationalen Parteizugehörigkeit haben dürfte. Es wäre europaerfreulich, wenn die Beschwernisse des Parteienstaats erleichtert würden. Wilhelm Hennis sollte zugestimmt werden, als er 1998 prognostizierte: „Die Geschichte des Parteiwesens ist eine Geschichte ständiger Verwandlung". Es kann sogar ironischerweise sein, daß es einmal abgewandelt heißen wird: am europäischen Parteienwesen wird dereinst die Welt genesen.

12.2 Der Europäische Gerichtshof (EuG), früher EuGH abgekürzt, ist das Rechtssprechungsorgan der EU. Er setzt sich aus achtundzwanzig Richtern und neun Generalanwälten zusammen. Die Richter werden von ihren Regierungen einstimmig vorgeschlagen und durch einen europäischen Expertenausschuss ernannt. Des Gerichts Hauptaufgabe besteht darin, daß „das EU Recht in allen Mitgliedstaaten auf die gleiche Weise angewendet wird". Der EuG entscheidet EU-Rechtsstreitigkeiten sowohl zwischen den Regierungen wie auch zwischen EU-Organen auf ihre Rechtmäßigkeit bzw. Rechtsverletzung, nicht etwa durch Gutachten, sondern durch Urteil. Bei behaupteter Vertragsverletzung wird geprüft, ob der Mitgliedsstaat seiner europarechtlichen Verpflichtung nachgekommen ist oder nicht. Die Klage kann von jeder der beiden Seiten, der Kommission oder dem Mitglied, aber auch von einer Firma oder einer Person erhoben und angestrengt werden. Es gibt Tätigkeits-, Untätigkeits- und Unterlassungsklagen. „Das Verfahren umfasst in allen Rechtssachen im Allgemeinen eine schriftliche und eine mündliche Phase." „Die Entscheidungen des Gerichtshofs werden mit Stimmenmehrheit gefasst;" etwaige abweichende Meinungen werden nicht aufgeführt. „Das Verfahren vor dem Gerichtshof ist kostenfrei." (Die Zitate können bei http://www.curia.europa.eu/ weiter verfolgt werden). Die Verfahrenssprache ist konkludent diejenige der 24 Amtssprachen, in der die Klage abgefasst und angestrengt worden ist, oder dem Herkommen entsprechend auf Französisch. Die ausgesprochenen Sanktionen sind hauptsächlich finanzieller Art.

Nach Art. 19 EUV wird dem Gerichtshof nicht nur die Rolle eines Wahrers oder Hüters des Unionsrechts übertragen, sondern in der Praxis schöpft er ständig neues europäisches Recht und entwickelt sich zu einem Antriebs-„Motor der europäischen Integration". Die grundlegenden Entscheidungen stammen aus der Gemeinschaftsphase und hießen anfangs Gemeinschaftsrecht, nach Lissabon Unionsrecht. Zusammen mit dem Vertrag über die Arbeitsweise der Europäischen Union (AEUV), der auch 2009 abgeschlossen wurde, werden die Grundlagen bestimmt, was „Ziele, Werte, Ermächtigung, Zuständigkeit und Fundamentalprinzipien und Organe der EU" betrifft. Die folgenden sieben Urteile aus Pechsteins Entscheidungsregister von ca. 300 Fällen können ein besonderes Interesse in der Politologie beanspruchen. Wir beginnen mit einem Urteil des Gerichtshofs von 1991, das für die Erhaltung der europäischen Lebensgrundlagen fundamental geworden ist, weil damit der Union unmittelbar und schöpferisch Recht gesetzt wird, das solche Grundlagen berührt. Der Rat entschied, daß grundsätzlich alle Beteiligungsrechte unterschiedlicher Art berücksichtigt werden müssen. Die Beteiligungsform des Europäischen Parlaments werde somit „intensiviert". Bei dem Entscheidungsvorgang ging es „um ein Verbot des Einleitens bestimmter Abfälle" wie Titandioxids in das offene Meer. Umweltschützende nationale Regelungen durften beibehalten werden. Die Zusammenarbeit wurde angeordnet, weil sich die betreffende Richtlinie zur bloßen Anhörung des Europäischen Parlaments als nichtig herausstellte. Die EU setzte also mittels dieser Entscheidung eine Harmonisierungsmaßnahme durch. Es wurde nicht zugelassen, daß "mehrere Rechtsgrundlagen das Verfahren der Zusammenarbeit ausgehöhlt" haben würden. In einem anderen Urteil von 1986 entscheidet das Gericht zugunsten des Grundrechts auf Gleichberechtigung statt einer geschlechtsspezifischen Diskriminierung zwischen Männern und Frauen im nordirischen Polizeidienst. Das Grundrecht auf Gleichberechtigung besteht ebenso wie der „rechtsstaatliche Anspruch auf effektiven gerichtlichen Rechtsschutz". Die Nichtausrüstung der Mrs. Johnston mit einer Schusswaffe wurde nicht als Ungleichbehandlung im grundrechtlichen Sinne angesehen. Die nächste hier vorgestellte Entscheidung betrifft die unionsbürgerliche Freizügigkeit nach Art. 21 AEUV. Während die Kommission annahm, daß die Niederlassungsfreiheit in einem anderen EU Land „grundsätzlich eine Erwerbstätigkeit voraussetze <...>", entschied der EuGH 2002, daß dem nicht so sei. Neu war an dieser grundsätzlichen Entscheidung der Schutz in dem erwählten Land „vor freizügigkeitsbehindernden Maßnahmen des Herkunftstaates eines Unionsbürgers". Die Aufenthaltsgenehmigung erlischt auch dann nicht, wenn die Beschäftigung dort endet. Der hier klagende Deutsche durfte weiterhin im Vereinigten Königreich wohnen bleiben. In Deutschland bestand bei Apotheken das sog. Fremdbesitzverbot. Deshalb musste geprüft werden, ob die Versandapothekenkette DocMorris im Saarland praktizieren durfte. Nach deutscher Auffassung konnte eine hochwertige Arzneimittelversorgung nur "approbierten Apotheken vorbehalten bleiben". „Dieses Schutzniveau der [deutschen] Bevölkerung" „erachtete der EuGH für gerechtfertigt". Verf. erinnert sich an eine DocMorris Apotheke im ältesten Haus Flensburgs auf dem Südermarkt. Sie besteht als offene und Versandapotheke immer noch dort, da sie dem Gerichtsurteil entsprechend von einer Apothekerin geleitet wird. Im Jahr 2007 hatte der Gerichtshof zu entscheiden, wogegen der Europäische Haftbefehl ergehen könne, falls er der Rechtsform nach gegen das Völkerrecht verstoße und kam zu dem Schluss, daß er „weder gegen den Grundsatz der Gesetzmäßigkeit im Zusammenhang mit Straftaten ... noch gegen den Grundsatz der Gleichheit" oder das Diskriminierungsverbot verstoße. Hiermit wurde „das bestehende internationale Auslieferungsabkommen außer Kraft gesetzt ...". 1994 hatte das Gericht eine Entscheidung zur Rechtmäßigkeit der europäischen Bananenmarktordnung zu fällen. „Diese betraf den allgemeinen Gleichheitsgrundsatz, das Eigentumsrecht und die Berufsfreiheit...". Die Bundesrepublik verlor allerdings diesen Prozess über eine Nichtigkeitsklage. Die auferlegten Beschränkungen waren ihr rechtmäßig aufgebürdet. Und am Schluss soll an siebenter Stelle erwähnt werden, daß die Rechtssprechung schon 1987 ergeben hat, daß das Bierreinheitsgebot wegen der Warenverkehrsfreiheit nicht für ausländisches, nach Deutschland importiertes Bier gelte. Jenes fremde Bier nimmt ohnehin nur einen verschwindend geringen Teil des in Deutschland getrunkenen Bieres ein. Das bayerische Reinheitsgebot von Hopfen, Malz, Hefe und Wasser aus dem Jahre 1516 (damals nannte es Gerste) stammt noch aus einer Zeit, als Bier Nahrungsmittel war und nicht als Getränk gerechnet wurde. Man kann einem, etwa belgischen, Bierbrauer nicht vorschreiben, was er unter <Bier> zu verstehen hat, solange er für sein Bier auch dort Abnehmer findet, wo das Bier <rein> sein muss. Diese Entscheidungen sind seinerzeit ausführlich in der deutschen Presse besprochen worden. Die dahinter stehenden Fälle und die aufrüttelnden Sprüche haben zur Europäisierung oder mindestens zur Hellhörigkeit in europäischen Angelegenheiten beigetragen.

13.0 Die neu vereidigte Bundeskanzlerin erinnerte in ihrer Regierungserklärung die Abgeordneten, daß sich die Bundespolitik der deutschen Regierung zu einer Europapolitik erweitert und gewandelt habe – obwohl sie mit dem Ausdruck „wird zu ..." etwas zu weit ausgeholt hat. In der Tat besteht eine ganz neue Offenheit, die mit den eingegangenen Verpflichtungen Hand in Hand geht. Mit dieser Offenheit gegenüber dem <anderen> hat sich ein Reservoir neuer Begriffe gebildet, ja für viele geradezu eingeschlichen, in dem das Europarecht wächst, das nationale Recht <schrumpft>. Vieles Neue wird nicht überall gleichzeitig bekannt, obwohl der Modernisierungsprozess trotz zeitweiliger Rückschläge ständig fortschreitet. Es wäre aber naiv zu denken, daß die Öffentlichkeit sich nicht mitveränderte. Um es klar auszusprechen: etwas mehr Europäer zu werden, heißt etwas weniger nur auf Deutschland bezogener Deutscher zu sein. Das Staatsgebiet liegt völkerrechtlich fest; die Staatsgewalt ist europarechtlich eingeschränkt und um Brüsseler Hoheitsbefugnisse erweitert; das Staatsvolk hat sich in den letzten zwei Generationen dermaßen verändert, worauf wir im nächsten Punkt näher einzugehen haben.

Durch die europarechtliche Verbundenheit wird eine Weitstirnigkeit eingeführt, die moderne Deutsche zur Anstrengung zwingt. Ständig türmen sich zum Teil unübersichtliche (oder nicht nachvollziehbare) Nachrichten aus Brüssel und Washington auf, die Deutschen nicht nur Genugtuung verschaffen, sondern auch sog. Stress aufhäufen. Er ist doppelter Art: durch die neuen europäischen Perspektiven werden Weltperspektiven als Nachrichten über Neuigkeiten eingeführt. Diese können so übertrieben ausfallen, daß sie übliche Überlieferungen in Frage stellen und so Sperren gegen die Integration in neue Zusammenhänge aufrichten. Zweitens verkleinert sich die geschichtlich überlieferte Dimension, während die politische sich vergrößert. Die neue Rechtsordnung lässt die alte allmählich als eine Vorstufe, die abgenützt sein kann, erscheinen. Dagegen bilden sich kulturpolitische Hemmnisse. Für viele Bundesbürger, und zwar alte wie junge, enthält der Globalisierungsstress zu viel der Zumutungen. Durch die Chancengleichheit gehören früher einmal so genannte <Kleine Leute> mit zur Gesellschaft, die Verständnisschwierigkeiten haben. Infolgedessen müssen ihre Mindestbedürfnisse in Ländern wie Griechenland, Rumänien oder Irland (und in Deutschland!) auch befriedigt werden. Die Solidarität öffnete Gatter im Zaun der bisher Ausgegrenzten. Die in Flüchtlingslagern fehlenden Gummistiefel und Decken drücken auf unser sanfter ruhendes Gewissen. Der Globalisierungsstress darf dort nicht zur Ausrede werden, wo materiell geholfen werden sollte. „Freude, schöner Götterfunken" der Europahymne muss als Globalisierungs-Phänomen in ein „Mitleiden an hässlichen Menschenmassen" überführt werden. Eine romantische Globalisierung gab es vergleichbar auch im Orgelbau des 19. Jahrhunderts.

13.1 Am Jahresende 2012 lebten in der Bundesrepublik Deutschland schätzungsweise sechs bis sieben Mio ausländische Mitbürger; das ist ein Ausländeranteil von unter 9 %. Die stärksten drei Gruppen sind über 1.5 Mio Türken neben 0.5 Mio hier geborener Deutschtürken, mehr als je ½ Mio Polen und Italiener. Dem stehen 73.9 Mio Deutsche gegenüber. Es gibt wahrscheinlich ½ bis 1 Mio Ausländer, die sich unregistriert in Deutschland aufhalten (so viele sind es allein in Los Angeles). Die Geburtenrate Deutschlands ist die niedrigste in ganz Europa und damit in der EU. Ja, es gibt sogar in Deutschland eine nachgewiesene Kinderfeindlichkeit. Denn Kinderreichtum hat nach einer Umfrage des Bundesinstituts für Bevölkerungsforschung in Deutschland „einen schlechten Ruf". Die Geburtenrate von Müttern mit Migrationshintergrund lag etwa 0.5 % höher als die der Eingesessenen. Es ist andererseits statistisch keine Überraschung, daß das bevölkerungsreichste Land der EU den höchsten Ausländeranteil von allen hat. Das Einströmen der Menschen sollte als Zuwanderung, und nicht als Einwanderung bezeichnet werden, weil sie aus ihrem Heimatland nicht ausgewandert sind. Die jungen Leute sind vielmehr als Arbeitssuchende gekommen, und wussten nicht, wie lange sie bleiben würden. <Deutschland als Einwanderungsland> ist daher terminologisch fehl am Platze. Klassische Einwanderungsländer sind etwa die USA, Kanada, Argentinien oder Israel. Dort gehört diese Vorstellung ihres Landes zum Gründungsmythus. In Deutschland nicht. Die Zuwanderung ergibt bis zur Einbürgerung z. B. türkischer oder anderer sich hier aufhaltender Menschen, als Gruppe betrachtet, eine Zuwanderungsbevölkerung, die ein oder zwei Pässe hat. Sie bleiben oder gehen im Alter zurück.

Verf. Ist in seinen zwanziger Jahren nach Nordamerika ausgewandert und in seinen fünfziger Jahren in sein Herkunftsland Deutschland. zurückeingewandert. Er musste sich einen „Staatsangehörigkeitsnachweis" besorgen. Der erste Wandervorgang verlief befreiend und erfüllend, der zweite berufsneidisch und teilverschlossen, also im Ganzen abweisend; (vergleiche oben Punkt 9.1). Von freiwillig gewährter gesellschaftlicher Integration kann trotz guter Deutschkenntnisse des Außenseiters keine Rede sein. Die gute akademische Gesellschaft in Deutschland ist zwar offenherzig, aber mißrauisch bis abwartend und neigt nicht gerade zur Selbstüberforderung. Bereits der Prozess der Aufnahme von <Flüchtlingen> in der Jugendzeit ließ größtenteils eine Solidarität vermissen. Im strengen Winter 1946 mussten einige ältere Ostpreußen in den Sylter Baracken erfrieren, obwohl die Backsteinhäuser freistanden. Das hat die meisten Friesen nicht allzu beunruhigt. Diese Abwehrhaltung mag abgenommen haben; jedenfalls hat sie heute mit der Religionsausübung weniger zu tun, mehr als mit einem Sonderprozess, den man vom Standpunkt der Politologie und der Umgebung nicht problemauflösend beschreiben kann. Es liegt neben der Wahrheit, einfach zu behaupten, „Deutschland schaffe sich selbst ab".

Deutschland ist seit dem 17. Jahrhundert ein Auswanderungsland gewesen. Eine Binnenwanderung stellt die über 20.000 Salzburger Protestanten umfassende „Emigration" 1731 dar. Es wurde ihnen dort die preußische Staatsbürgerschaft für ihre Ansiedlung angeboten, und die Ostpreußen hatten sie auf Königsbefehl im ersten Winter aufzunehmen. Das katholische und das protestantische Europa waren darüber aus verschiedenen Gründen empört. Dort ist es zu einer Abwehr wegen der ungehinderten Religionsausübung jedoch nicht gekommen. In Österreich des 19. bis 21. Jahrhundert geht der Aufstieg von Neuankömmlingen über das Benehmen und die Aussprache, in Deutschland über das Einkommen oder den Firmeneintritt und neuerdings über Höchstleistungen im Sport.

13.2 Seit der Goldenen Bulle [vergleiche dazu V. vor Punkt 12.0] erscheint die Meinung begründet und folgenswert, daß die Mehrsprachigkeit, wie man heute sagt, <kompetenz-erhöhend> wirkt. Das wusste schon der mehrsprachige Karl IV. Außerdem hat man jetzt wieder erkannt, daß diese Kenntnis erlernt wird und nicht auf angeborenen Fähigkeiten beruht. Der Deutschtürke kann also an seinem Arbeitsplatz mehr leisten, wenn seine oder ihre Sprachkompetenz überdurchschnittlich entwickelt ist. Es ist außerdem erwiesen, daß nur diejenigen ausländerstämmigen Deutschen gut Deutsch beherrschen, wenn sie zu Hause Grundzüge der Grammatik ihres Herkunftslandes erlernt haben. Es konnte bei der Volksbefragung nicht genau festgestellt werden, ob und welche <religiöse Präferenzen> es bei dieser Gruppe gibt und welche Rolle die Religion im Berufsleben z. B. deutschtürkischer oder deutschgriechischer Mitbürger spielt. Die Schutzbehauptung, <der Islam gehört zu Deutschland>. liegt als Übertreibung neben dem Kurs.

Bereits in der zweiten Generation erweist sich der Geburtsort im neuen Land bestimmender als die Abstammung von den Eltern, und damit als Einteilungskriterium überlegen. Dieses Prinzip ordnet und identifiziert den geborenen als Bürger direkter als es die

Abstammung könnte. Es sollte jedoch nicht so sehr auf die Bedeutung des kulturellen Hintergrunds abgehoben werden, sondern auf die des kulturellen Vordergrunds. Denn der Berufserfolg besonders der deutschtürkischen Mitbürger ist während fast zweier Generationen sehr sichtbar im Fernsehen bei Moderatoren, deren Deutsch den höchsten Ansprüchen genügt. Sie fallen sowohl durch ihre Ausdruckskraft wie ihren schwer buchstabierbaren Namen auf. „Elf Deutschtürken haben den Einzug in den Bundestag geschafft" jetzt am Anfang der 18. Legislaturperiode. Die erste deutschtürkische Staatssekretärin wurde von der neuen Bundesregierung ernannt. Es gibt viele erfolgreiche Ärzte, Rechtsanwälte und gewinnbringende Unternehmen. Die Zeitung „Deutsch-Türkische Nachrichten" hat ihre Leserschaft und eine erforderliche Verbreitung gefunden. Einer der berühmtesten Jung-Filmemacher ist ein Deutschtürke. Die Kultur-Folgen sind das Phänomen, auf das es ankommt, und nicht, wie viele Hartz IV Empfänger es gibt. Auch nicht das Kopftuch, über das Rechtspopulisten so gerne herziehen. Je mehr Erfolg die Deutschtürken vorweisen können, desto integrierter, d. h., unauffälliger sind sie in der Masse. Diese Perspektive wirft aber auch auf die hiesigen Verhältnisse ein neues und erfreuliches Licht: dieser Erfolg und nicht ein Kopftuch verändert das Aussehen und den Zusammenhalt der Gesellschaft und bereichert sie um eine neue weltliche Dimension.

14.0 Die Art und Weise, wie sich zeitgenössische Deutsche unterhalten, was sie sich mitteilen und worüber man immer noch schweigt, hat sich in den letzten zwei Generationen geändert. Vor zwanzig Jahren wurde in der DDR (Verf. war mit Brandenburg vertraut) anders kommuniziert; drüben lehnte man sich an vorgeschriebene Denkbilder an, statt wie hier in Nordrhein-Westfalen an Traditionen. Im öffentlichen Bereich hörte sich das Private in NRW gröber an als das bißchen, was sich z. B. in Potsdam einem amerikanischen Auslandsdeutschen in der Öffentlichkeit sagen ließ und was man dort auch zu sagen bekam. Sog. <Konversato-

rien>, eine Unterrichtsform zwischen Vorlesung und Übung, ließen sich etwa an der Adam Mickiewicz Universität und an der umgewidmeten Universität Potsdam anders anbringen als hier auf dem Campus, wo man mehr verlangen musste. Die Sprache, die man aus der Ausandsgermanistik mitbrachte, musste notgedrungen altbacken klingen. Viele Mitmenschen denken erst während sie sprechen. Offizielle Mitteilungen werden in deutschen Ansprachen meist abgelesen. Man hört es, ob die Reden von vortragenden Parlamentariern abgelesen werden, vom Sprecher erdacht, selbst geschrieben oder nur abgekupfert wurden. Viele Vortragende richten sich gar nicht an ihnen unmittelbar Zuhörende, sondern an das Fernsehpublikum. Verfasser hörte und registrierte viele willkürliche Betonungen zwischen dem 5. Oktober und dem 17. November auf ARD und ZDF, die noch erklärt werden müssen: ansprechen; eidesstaatlich [sic]; eindeutig; überzeugend; abseits; Arbeitslose; Westwind; aufgebaut [Merkel]; Fähigkeit; Mitmenschen; Organisation; notwendig; unzumutbar; Investitionen; Geldwäsche; Argentinien. Da man nicht annehmen kann, daß extra falsch betont wird, muss es eine andere Erklärung geben. Es handelt sich eher um ein Nichtwissen: die überlieferte sog. Germanische Erstbetonung kommt ins Wanken, wenn eine neue Zweitbetonung aus anderen Sprachen, wie etwa dem Holländischen, übernommen wird. Der Zusammenhang zwischen Betonung der trennbaren Vorsilbe bzw. der nichttrennbaren Erstsilbe und der Unbetonung, wird in der Schule nicht mehr gelehrt und ist den modernen Zuhörern unvertraut; das Reflexivpronomen z. B. in sich entspannen, entfällt. Besonders politisch unscharf, d.h. unschön, klang der Ausdruck eines Bundesgeschäftsführers "auf einander zuhören". Hier wird deutlich: das Hoheitsvolle bei der Kommunikation ist aufgegeben worden und daher verloren gegangen. Ein Genauigkeitskrampf führt dann zu Bildungen wie „Kanzlerinnenwahl". Man kann bei Strafe die Post und die Bahn (teil-)privatisieren, aber die Sprache gibt ihre öffentliche Verbindlichkeit nicht ohne ungünstige bis verheerende Folgen dabei auf. Nur wenn einer regelrecht redet, spricht die Sprache selbst, sonst wird sie zu Kauderwelsch degradiert. In dieser Phase ist es zwecklos, auf eine Verwendung des Deutschen als dritte Arbeitssprache in Brüssel zu bestehen. Sie verhilft der eigenen Sprache nur weiterhin zur Geringschätzung als Arbeitssprache in der Brüsseler Atmosphäre. Niemand spricht zu Hause seine eigene Sprache ungestraft wie eine fremde Sprache.

14.1 Die immer wieder modern durchgreifende Präzision deutscher Verfassungsjuristen am vorliegenden Europäischen Vertragswerk würde an auftretenden Sprachmängeln unmittelbar in Mitleidenschaft gezogen, sobald sie sich, selten genug, in den eingereichten Texten bemerkbar machten. Unpräzise Arbeit hinterließe verwirrende Sprachspuren, die Schaden anrichten würden. Die deutsche Sprache müsste zunächst für den Eigenverbrauch geglättet und repariert werden, ehe in Brüssel Ansprüche zur arbeitsrechtlichen Umsetzung angemeldet werden können. Es ist noch nicht lange her, daß das Gespenst einer lingua tertii imperii in Europa (und auch in Brüssel) umging, an das sich ältere Europäer erinnern können. Die integrative Kraft des heutigen Deutschen kann sich auf der Brüsseler Bühne vor allem durch ausgezeichnete Übersetzungsarbeit französischer und englischer juristischer Gesetzestexte beweisen; diese wird gegenwärtig auch bewältigt. Übrigens vertritt, wie Göttert meint, das Englische nicht das Latein, sondern nur sich selbst. Englisch, glauben viele deutsche Pädagogen, „ziele heute immer weniger auf muttersprachlichen Standard"; auch das ist nicht so, vom Englischen selbst her gesehen. Gezielt wird nach wie vor auf stilistische Sauberkeit, und auf die Vermeidung von slurs und slang; denn Englisch und Amerikanisch sind zwei verschiedene Sprachen. Nur wird die amerikanische Sprache und Literatur selten oder fast nirgends an deutschen Gymnasien als Fach unterrichtet.

Die Lateinische Sprache war damals nicht nur klassisch. Sie ist es heute als Eurolatein. Cicero war zu seiner eigenen Zeit nicht nur <klassisch>, sondern er galt als politischer und juristischer Aufrührer, der als Staatsfeind gesucht wurde. Er kannte, wie wir noch sehen werden, die nicht-klassische Umgangssprache sehr genau. Es fragt sich, ob seine kultartige Tugendbereitschaft unter dem Schutz der Götter im Bereich der Politik ohne eine angemessene Marge von Informationsfreiheit, die wir heute haben, getestet werden könnte? Hier ist der begnadete Stilist Cicero als Redner, literarischer Kritiker und Briefschreiber am Zuge, der die lateinische Sprache seiner Zeit wie kein anderer in vieler Hinsicht nachhaltig bereicherte. Eine einmalige Neuschöpfung beschreibt die wohlmeinende Sorge (*cura*) um den Staat (*res publica*) und seine Bürger, die „Republikaner". Cicero erfand ein neues Wort für politisches Besorgtsein im begrifflichen Sinne für seinen ersten Leser, den ihm befreundeten Briefadressaten, den Verleger Pomponius Atticus, und später für alle seine Leser. So hob er die politisch mehrdeutigen Probleme jeder mitdenkenden Person auf eine neue Diskursebene. Es gab vor Ciceros Gebrauch schon curiosus, abgeleitet, wie bemerkt, von cura; er aber prägte darüber hinaus *curiositas*. Diese Neuform forderte den angeblich gut begründeten status quo, den die ratio „schon immer" vorgesehen hatte, heraus, und fügte dem gängigen Diskurs im politischen Unfreiheitsklima einen neuen Strich in der Denkrichtung hinzu: „sum in curiositate" = ich bin in Verwunderung, entsprechend dem modernen „I am guessing" (Niederdeutsch: gissing) mit der englischen Ableitung curiosity: ich bin wissensdurstig, aber nicht übertrieben eifrig bemüht, durch skeptische Neugier eine konstruktive politische Erkenntnis zu gewinnen. Man bedenke, daß noch keine öffentlichen Zeitungen existierten. Dank Ciceros umgangssprachlichem Vertrautsein war ein bisher unbetretener Pfad von seiner vergleichenden Götterlehre zur Leserschaft und deren Information gelegt. Den Preis für zu viel curiositas bezahlte Cicero mit dem Leben. Er bat seine Häscher, freigelassene Sklaven, die ihn überall, auch in seinem Misthaufen, suchten, ihn vor der Eilköpfung, wegen seiner menschlichen Würde höheren Grades [altiorem gradum dignitatis], heute würden wir sagen Menschenwürde, auf nicht zu bestialische Weise zu töten. Sein Tod in „Selbst-Opferung" für die Ideale und die Verfassung der Römischen Republik stempelten Cicero zum Märtyrer. Da aber „Ratio und Glaube [epistemologisch] ineinander übergehen" (Cicero, *De Re publica III, 22, 33*, und weil dieser Glaube bei den Römern vernunftgemäß ist, bezieht bei ihnen die Vernunft das Göttliche ein. Dieser Kernpunkt seiner vorchristlichen Götterlehre wird viel später von unerwarteter Seite im 16. Jahrhundert anerkannt, und dort seine Auffassung einer Verbundenheit von Natur, Mensch und Vernunft für unaufhebbar erklärt. Diese Passage aus *De Re Publica*, III, 22 u. 33, fand als Absatz unter Nr. 1956 in dem Katechismus der katholischen Kirche überraschend Aufnahme und verankert an dieser maßgeblichen Stelle die Menschenwürde als einen Vernunftpfeiler der keimenden Demokratie in allgemeinverständlicher Form zum Auswendiglernen durch die Gläubigen: „Es gibt ein wahres Gesetz: das der rechten Vernunft. Es stimmt mit der Natur überein, ist bei allen Menschen vorhanden und besteht unveränderlich und ewig. Seine Gebote fordern zur Pflicht auf; seine Verbote verwehren Verfehlungen... Es durch ein gegenteiliges Gesetz zu ersetzen, ist ein Sakrileg. Man darf es auch nicht teilweise aufheben, und niemand kann es gänzlich abschaffen." Wir stellen mit Genugtuung fest, daß dieser geistreiche Einfall Ciceros zum Staatsverständnis bis heute seinen Platz behalten hat.

14.2 Die hier von uns verwendete Ausdrucksweise, öffentliche Sprache, ist letztlich der Gedankenaufbau, der Sprachfluss, der im Englischen oft mit einer Perlenschnur verglichen wird, der im Deutschen mäandriert. Die Lücke, durch die das Amerikanische ins Deutsche hier eingedrungen ist, sieht unauffällig aus. Es ist der verräterische Doppelpunkt, nach dem eine Verdeutlichung folgt. Diese neue anglizistische Ausgliederungsweise kommt im Duden von 1961 noch nicht vor. Was dahinter steckt, ist eine Unsicherheit auf dem Felde der Konjunktionen, die dem Deutschen, richtig gebraucht, erst den Schwung verleihen und das es mit dem

Lateinischen gemeinsam hat. Dieser fehlende Schwung wird jetzt durch „echt", „wirklich", „natürlich" oder „sozusagen", die dem Amerikanischen nachgebildet sind, ersetzt und unterbrochen. Statt eines Knicks in der Struktur folgt eine Sprechpause, doch die Denkrichtung wird beibehalten, vergleichbar einer Sprechbegradigung. Die öffentliche Sprache passt sich der sie jeweils umgebenden Sprechweise an. Sie existiert in anderen Stimmlagen und Facherfordernissen. Eine strikt einheitliche Nationalsprache gibt es <flächendeckend> in keinem Land und hat es nie geben können. Dazu sind Landschaften und ihre Städte viel zu verschieden. Also hat sie sich auch nicht in Deutschland vervollständigt. Englisch ist deshalb nicht éine Weltsprache, sondern es sind äußerlich und strukturell zwei Kontinentalsprachen, Amerikanisch und das Englische des Commonwealth. Englisch mag das Französische in Québec „bedrohen", nicht aber in Brüssel. Wie soll ausgerechnet die in Europa am häufigsten gesprochene Sprache, Deutsch, „bedroht" sein? Sie muss sich einfach „mehr anstrengen", ihren Humor beibehalten, der ohnehin im Deutschen landsmannschaftlich ausgeprägt ist, und weniger zeitungshaft trocken formulieren. Auch Latein war nie eine Weltsprache, da sie von „der zwielichtigen römischen Kaiserherrlichkeit" umrahmt wurde. Bei Professor Karl-Heinz Göttert, der Orgelführer Deutschlands geschrieben hat, steht der Satz: „Identifizierung mit dem Staat kommt nicht über die Herkunft zustande, sondern über Mitmachen". Mit anderen Worten, Demokratie kommuniziert hauptsächlich als Hörsprache, nicht vorwiegend als Schreibsprache. Die Europäische Freiheit gedeiht am besten bei freier Rede, nicht ohne das Ziehen anderer Register auf dem vielstimmigen Instrument einer Nicht-Einheitssprache.

## VI. Borgen und Bürgen: Einbußen bei der Sprache und beim Geld

Auf den ersten Blick scheint es um ein Einzelthema zu gehen, auf den zweiten sieht man einen engeren Zusammenhang mit anderen Einbußen; dazu später. Geht es in der Bundespolitik vordergründig um Stimmungen, kann es sich in der Berichterstattung darüber nicht allein um Seriosität handeln. Die sprachlichen Mittel der Werbung werden eingesetzt, um den Sprung in der Tasse zu verdecken, um zu vertuschen, daß etwas nicht stimmt. Was ist es? Wird die Betonung des Deutschen freier, werden Akzente von den vorgeschriebenen Stellen getilgt, werden Schärfen der Standpunkte sprachlich verwischt, so verschiebt sich die Sprache endlich selbst in ihren Fundamenten, vor allem in den Valenzen verschiedener Verben. Es gibt aber auch krasse Rechtschreibefehler. Als das neue Postleitzahl-Verzeichnis als heimatlicher Pfadfinder erschien, ließ ein Herr Zum Winkel im Sammelbegriff die Überschrift „Postleitzahlenbuch" durchgehen, und zwar als falschen Plural (wie Kanzlerinnenwahl). So verschwindet das deutschsprechende Gemeinschaftsgefühl hinter einer Überzahl. In Wahrheit hat die deutsche Sprache den Zweiten Weltkrieg mitverloren und haftet für die Folgen der Niederlage noch heute mit, hat sich jedenfalls noch nicht vollständig davon erholt. Eine solche Sprache, auch die eingelesene, ist weder rechts- noch linksbündig; sie ist aber geistig auch kein Blocksatz. Sonst würde das zeitgenössische Deutsch die Atempause als schöpferisches Zeichen noch mitberücksichtigen. Daher muss es ihre Lautlehren-Musikalität neben der syntaktischen Bogenführung eingebüßt haben. Es springen zu viele Gesichtspunkte auf einmal hervor und verfehlen ihren Einsatz. Das Wissen, daß sich die Rechtsprosa aus der Rechtspoesie entwickelt hat (und nicht umgekehrt), ist verloren gegangen. Die formale Grammatik schreibt eine Reihenfolge vor, die in ihren Nebensätzen von Konjunktionen abhängig sind. Die Sprache von heute liest sich phantasielos ‚eingeleistet' und klingt manchmal unvertraut hohl. Ob man noch den überlieferten Ausdruck <Muttersprache> als Schutzzaun benutzen darf und gelten lässt oder nicht, oder die <Vatersprache> als Tor zur Syntax dazurechnen soll oder nicht, ist fraglich. Aus restsyntaktischer Sicht ist die Sprachführung durch die gemeinsame Elternsprache dabei abzudanken. „Die Milch der frommen Denkungsart", die noch Wilhelm Tell als maßgebend galt, ist der Formula aus der Flasche gewichen. Nicht die Sprache selbst ist in einer Notlage befangen, sondern eine geistige Gedankendürre stürzt die Mitsprecher in eine Isoliertheit, weil sie wissen, daß sie nicht mehr eindeutig verstanden werden. Die Angepasstheit und die Veränderungstempi von Sprechern zu den Vorkostern des Verstehens und der Sprache zum Verstandenwerden sind nicht mehr synchron, sondern im Vorbezirk der Kakophonie gelandet. Höchste Zeit, wieder zu üben.

15.0 In den letzten zwanzig Jahren machten sich auffällige Sprechneuerungen bemerkbar: das Deutsch wird Silbe für Silbe, dehnbargepresst, ausgesprochen. Es klingt etwas schreiig wie ein ins Mündliche übernommenes norddeutsches Schriftdeutsch. Bemerkenswert, daß auch norddeutsche Orgeln härter klingen als süddeutsche. Die neue Sprechweise setzt ein verlangsamtes Aufnahmeverständnis voraus. Es muss dort entstanden sein, wo der amerikanische Einfluß am überlebensnötigsten und daher am stärksten war, wo die Bevölkerung am dankbarsten und der sprachliche Einfluss des RIAS am verbreitetsten war, in Berlin. Eine Vorläuferfunktion füllte dabei der Funkturm aus, als Silhouette dem Eiffelturm ähnlich, der mit Antenne über 150 m hoch ist, und in Charlottenburg 1925 eröffnet wurde. Er gehört dem Land Berlin. Heute übt er die alte Funktion nicht mehr aus.

Ironischerweise verdankt die bürgerlich-westlich ausgerichtete Bundesrepublik Deutschland indirekt die Größe des Umfangs des späteren Landes West-Berlin der Kompetenz zweier Verwaltungsfachleute, die selbst keiner Partei angehörten. Das Leiden der Berliner Bevölkerung von 1939-1949 tat ein ihres, den Grundstock für eine Steigerung der demokratischen Potenz zu legen. 1988 gelang es dann in einem durch die Ereignisse rasch überwundenen Wissensstand aus diesen Lebenskräften der beiden Stadtteile die richtigen Schlüsse zu ziehen. Der Wettbewerb der Doppelstadthälften Berlins als außerordentliches Leistungszentrum des Bürgertums beweist, womit sich die Kraft des Stadtwesens eichen und testen lässt. Die Stadtarchitekten in der DDR wußten ab 1970, daß die gewaltigen Sanierungen der Stadtzentren vorrangiger Städte wie Berlin, mangels einer soliden ökonomischen Fundierung, die volkswirtschaftlichen Möglichkeiten eines Gesamtflächen-Wiederaufbaus überstiegen. Was konnte dagegen getan werden? 1971 wurde auf dem VIII. Parteitag der SED die offen so genannte "Kurskorrektur" der bisherigen Richtung bekannt gegeben. Angeblich musste eine "Realisierung der Einheit von Neubau, Modernisierung und Werteerhaltung" herhalten, "mit dem Ziel, bis zum Jahre 1990 die Wohnungsfrage als soziales Problem zu lösen." Damit war eine Dauerparole für die Zukunft ausgegeben worden. Sie traf aber ins Leere. Denn 1990 gab es die DDR nicht mehr.

Die Ostberliner Stalinallee war am 17. Juni 1953 zu gradlinig und daher zu leicht kontrollierbar, um eine erfolgreiche Demonstration auf sich abrollen zu lassen. Die "Politik auf der Straße" kann offenbar nur dann zu Systemveränderung führen, wenn die benutzte Allee rund, mit eingebautem Feedback sozusagen, gebaut ist, und an einer analogen Stelle ein "initial-zündendes" Gebäude vorweisen kann wie eine Nicolaikirche oder das Reichsgerichtsgebäude zu Leipzig. Ein solcher Ring darf nicht mehr als höchstens drei bis vier km betragen, weil der Durchschnittsmensch nicht gerne weiter spaziert. Der Straßenaufstand erfordert eine Verlangsamung und Stauung des hektischen Straßenverkehrs.

Zwanzig Jahre davor schuf der 1969 eingeweihte Fernsehturm eine Ostberliner Variante im Wettbewerb zweier Türme, und vollendete nahe dem Alexanderplatz mit 368 m das höchste Bauwerk Deutschlands in der <Hauptstadt der DDR>. Die von dort oben verbreiteten Nachrichten waren politisch ‚giftig', aber im Ton schon unbrillant und zielten stimmlich-schreiig in die klangliche Richtung auf der Werbetrommel wie später das Berliner Republikdeutsch. Aus dieser Vorbemerkung leitet sich der Zusatz <aus zweiter Hand> her. Zwischen dem Funkturm und dem Fernsehturm schwirrten auf schrillender Höhe die deutschen und ins Deutsche übersetzten Sendungen. Früher hieß das Wellensalat.

15.1 Eine erste Hörprobe des Geräuschpegels am Bahnhof <Hauptstadtdeutsch> registriert mehrere Sprechbestände: Deutsch ist zur Zeit eine norddeutsche Bundessprache, die Nicht-Hochdeutsches vernachlässigt. Es ist zugleich eine rasante Nachrichtensprache und dabei auch ein bißchen Kneipensprache, denn der Nachrichten-<Desk> erinnert an einen Tresen. Das Parteisächsisch, das einst in Ost-Berlin gesprochen wurde, ist vollständig verdrängt. Es hat sich ausgeulbricht. Es ist nun gedehnt-betulich, jedoch nicht etwa geistig, berlinisch zu sprechen. Die Entscheidung für Berlin als Hauptstadt schloss die mitgebrachte Bonner Gemütlichkeit nicht völlig aus (und ließ sogar einige Ministerien-Teile zurück); nur den rheinischen Dialekt, der Adenauer aus Köln und Kohl aus der Kurpfalz anhaftete, hört man nicht mehr oft. Aber auch die preußische Berliner Affektiertheit samt ihrem Tempo der Zwanziger Jahre ist derzeit verpönt. Andererseits darf das jetzige Deutsch nicht mehr zur Sprache der Eltern gerechnet werden, insofern deren Atemwege nicht mehr wie ausgebombt sirren. Als Bundessprache hat es sowohl nicht-autoritäre Züge wie Anklänge an eine frühere Kommandosprache. Aber nur ganz kleine! Ist also Deutsch eine Nachrichten bringende Sprache mit bloß schiedsrichterlichen Befugnissen und Zuständigkeiten geworden? Niemand darf den Mund zu voll nehmen. Die Sprache geht auf Tuchfühlung, macht nicht mehr kaputt wie zur <Stunde Null>, sondern hat sich merklich erholt. Gourmetcharakter im täglichen Gebrauch hat sie noch nicht.

Niemand anders als unser großer Schriftsteller Grass gab für unsere wiedererbaute Sprache 2010 „eine Liebeserklärung" ab. Wir einfacheren Mitsprecher und Mithörer erröten und fühlen uns vor *dem* Deutsch sicher und gleichzeitig sprachlich angeregt. Man hat in diesem Sprachrahmen gelernt, Maß zu halten und bleibt bei allen hochfahrenden Europaplänen <auf dem Teppich>. Es gibt wenigstens einen Maßstab! Was sprachlich gar nicht zusammengehört, wächst in der Berliner Schnauze in eine atemberaubende Wörterattacke auf den verstaubten Porzellanladen: die Stückhaftigkeit des Deutschen wird wie ein frisches Brötchen gebrochen und ein scheuer kleiner Segen darüber gesprochen. Wenn Grass sich auf die Gebrüder Grimm beruft, braucht uns ums Deutsche nicht mehr bange zu sein. Sie kommen in Meister Günters Komposition wieder zu Ehren.

Davon abgesehen, muss noch eine kurze Schelte die hinkende Synchronisation mit der nicht genau passenden Lippenbewegung und die nichtssagend depravierten Handgesten treffen. Wer echte Gesten studieren möchte, beobachte Kleinkinder, bevor sie sprechen können. Von diesen scheelen Rahmenbedingungen wird sich Deutsch in ein paar Jahren auch wieder erholen. Eines Tages werden die Intendanten eingreifen, und das kleine Reinemachen mit Spree- und Havelwasser wird die Vereinigung säuberlich vollenden. Dann glänzt das Deutsche wieder wie ein Weihnachtsbäumchen im Topf, das ausgepflanzt werden kann. Die Zeit wird kommen, wo es sich selbst heimlich hinter die Fichte geführt hat. Nicht mehr in einer Sprach-Baumschule, sondern in der freien Natur kann Deutsch zulegen, Grund gewinnen und wieder wachsen, damit es den heutigen Herausforderungen gewachsen ist.

15.2 Nach der Wiedervereinigung ab 1989 folgende liegt der Anteil der Fernsehzuschauer in Deutschland kontinuierlich zwischen 70 und 75 %. Auf einer Beliebtheitsskala wird errechnet, welche Quote ein Programm erreicht und damit wird dasjenige Deutsch herausgefiltert, dem die Deutschen am häufigsten ausgesetzt sind. Ob diese Linie der Staatenverbundenheit in der EU dienlich ist, konnte bisher nicht errechnet werden. Die Leitmedien präsentieren im Wettbewerb sprachlich das, was die Programmplanung für maßgeblich oder unterhaltsam hält. Das deutschsprachige Radio Luxemburg, einst sehr einflussreich, heute RTL oder Radio Television Luxemburg, hat sich von einem Oldie-Sender in ein Regionalprogramm bis nach Rheinland-Pfalz und NRW entwickelt. Die sechzehn Bundesländer finanzieren in neun Regionen öffentlich-rechtlich unterhaltene Fernsehanstalten. Das Durchschnittsalter ihrer Zuhörer beträgt 60-65 Jahre. Daraus sollte sich eine absichtliche Vernachlässigung jugendlicher Zuhörer ergeben, die wegen ihrer Schulausbildung und ihres Studiums wenig Zeit für Fernsehen haben. Danach hat sich das Deutsch auszurichten. Über wesentliche Sprachveränderungen wird dem Anschein nach wenig gesendet. Verf. kennt von den Dutzenden Darstellern des deutschsprachigen Films der 2000er Jahre keine Stars bei Namen. Das mag auch daran mit liegen, daß das Deutsch, was dort gesprochen wurde, meist klischeehaft wirkt und nicht sehr sprühend klingt. Nur das Kabarett, an der Spitze bis vor kurzem Dieter Hildebrandt, ist von einem sprachlich etwas ansprechenderen Niveau und wiederholt sich jährlich mit Anpassungen. Die offiziellen Ansprachen wirken steif und einschläfernd. Der präsentierte Deutsch-Standard erklärt sich aus dem Leseschwund des Publikums. Klassiker Kenntnisse dürfen bei den deutschen Zuhörern nicht mehr vorausgesetzt werden, da sie in den deutschen Gymnasien allenfalls aktweise durchgenommen werden. Das Theater der Sprache ist vom Theater der Themen, wo viel geschrien wird, ersetzt worden. Ideale passen nicht mehr ins Vermarktungsschema. Die Kostüme sehen ahistorisch-langweilig aus. Es gibt nur noch ein Burgtheater, wo Deutsch von höchstem Niveau gesprochen wird und es liegt bekanntlich außerhalb Deutschlands. *Goethe!* Hat den Verf. trotz vieler absichtlicher Fehlzitate und Falschfiguren gefallen, weil amüsantes gutes Deutsch endlich einmal zum Zuge kam. Das Fernsehen ist ironischerweise nicht weitsichtig genug, sondern unkulturell-kurzsichtig. Es setzt einen Nachrichtenfluss, wie von einer Endlosschraube, in Gang und standardisiert ihn. Solang das deutsche Fernsehreich besteht, werden Programmschrauben rechts gedreht. Die gesetzten Maßstäbe bestehen aus sog. <Angeboten>, die regelmäßig unterbrochen werden. Die Werbung unterbindet nicht nur, sondern zerstört geradezu den Gedankenfluss und die Bildfolge. Die Vorstellung, daß ein Gedankenaufbau mutwillig durch rasch aneinander gereihte Kaufangebote entkoppelt werden darf und dann abrupt wieder in die Vorstellung zurückfindet, reißt vor unseren Augen die Maske herunter. Eine Diskette wird konvertiert und hofft, unser Portemonnaie zu erreichen. Die kurze Pause dazwischen wird wichtig, denn ihre Botschaft soll den Zuhörer auf ein neues Kaufangebot einstimmen. Die Integrität der eigentlichen Vorstellung wird bewusst vernachlässigt. Es gibt einen raschen Wechsel zwischen versteh! und kauf!, der beide Bereiche kurz getrennt hält. Da der Nachrichtenfluss überladen daherkommt, muss ein ausgleichendes Klischee herhalten. Es kommt allenfalls zu <Einschätzungen>, wie es in der Nachrichtenpranche heißt, vergleichbar mit Knapp-Analysen im Abiturfach Deutsch. Deutsch sollte eine Staatsangelegenheit aller sein, leider ist aber Kultur sechzehn-gestückelte Ländersache. Europäische Vorbildslektüre kann sich nur schwer gegen amerikanische Bestseller in Übersetzung behaupten. Geht man in den renommiertesten Buchladen am Platze, stehen vorne rechts die <Seller Teller> am Pranger. Schafft ein kleines Meisterwerk es nicht dorthin, weil es der Manager nicht auszustellen gedenkt, so ist sein Deutsch bei der Meinungsmache nicht angekommen, sondern durchgefallen. Diese kleine Philippika durfte dem Leser nicht erspart bleiben.

16.0 Das Grundgesetz regelt in Art. 20 (1), daß die Bundesrepublik ein Bundesstaat ist. Da der Deutsche Gesetzgeber im Bundestag und im Bundesrat dem EU-Vertrag zugestimmt hat und das BVerfGericht den Europa-Unions-Vertrag ebenfalls gebilligt hat, ist ein verfassungskonformer Zustand unumkehrbar eingetreten, der bis zum Zustandekommen einer neuen Verfassung nach GG 146 gilt. Der Staatenverbund (in Hesselbergers Kommentar heißt es Staatenverband) bedeutet aber „nicht die Zugehörigkeit zu einem europäischen Staat". Trotzdem ist eine autonome Europäische Rechtsordnung entstanden. Die übernommenen Pflichten umfassen auch Bundesbürgschaften. Die Übernahme von Bürgschaften erfordert nach GG 113 (1) eine „Ermächtigung durch Bundesgesetze. Eine solche Ermächtigung liegt vor; aber ebenfalls liegt eine Absicherung des Europäischen Gerichtshofs vor, nachdem der Europäische Stabilitätsmechanismus (ESM) durch völkerrechtlichen Vertrag als internationale Finanzinstitution gegründet worden ist". Diese <Fazilität> verfügt auf dem Papier über 700 Mrd. €. Nach einem Einzahlungsschlüssel beträgt der deutsche Anteil 27.15 %. Das Haftungsrisiko ist hoch aber begrenzt. Wo verstecken sich die Bundesbürgschaften für ausgelaufene Schulden, die andere Mitgliederstaaten nicht begleichen können? Nach dem Statistikportal beläuft sich die Bürgschaftsverpflichtung der BRD gegenüber dem MSE auf ca. 168 Mrd. Euro. Die Rechtsquelle stellen die Zustimmungen des Bundestags und des Bundesrats vom 29. 06. 2012 dar. Das BVerfGericht stimmte via einstweilige Verfügung auch am 12./13. 09. 2013 (2 BvR 1390/12) zu. Nunmehr ist durch Ausfälle und Nachforderungen die Bürgschaft der Bundesrepublik auf einen Anteil von 748 Mrd. Euro angestiegen. Der Internationale Währungsrahmen hat wiederholt verlauten lassen, daß dieser Bürgschafts-Rahmen des ESM nicht ausreicht, falls große Eurostaaten selbst in Schieflage geraten. Da es keine nennenswerte Zinsen mehr gibt, wird das Sparkonto des unbedarften Sparers entsorgt.

16.1 Die EU ist nicht nur ein Staatenverbund, sondern auch im gewissen Sinne ein Gerichtsverbund. Zwischen beiden höchstrichterlichen Gerichten herrscht jedoch kein Über-/Unterordnungsverhältnis, sondern ihre Zuständigkeiten bestehen nebeneinander; sie sind eben verbunden. Grundsätzlich ist also das Europagericht kein dem BVerfG und den anderen Höchsten EU-Staaten-Gerichten vorgesetztes Berufungsgericht. Es gilt nach Bundesverfassungsgerichtspräsident Andreas Vosskuhle „Verbundtechniken" zu finden, die es erlauben und erwarten lassen, daß eine eigene, alle Mitglieder betreffende Rechtsprechung gesucht werden muss. Jede der beiden hier besprochenen Gerichtshöfe kann <Kompetenzen an sich ziehen>. Es darf und muss „Meinungsverschiedenheiten über Zuständigkeiten" geben. Das Verhältnis beider Gerichte ist demnach keine Berufungsbeziehung, sondern das zweier dynamischer Gerichte, die sich nur dort berühren, wo es um „Einzelfälle zu Grundsatzurteilen" geht. So sind „Grundrechtsstreitigkeiten, die das Unionsrecht auch nur am Rande berühren, im Zweifel dem EuGH vorzulegen". Das Kooperationsverhältnis ist aber auch untereinander dynamischer Art. Es besteht bei jeder anhängigen Grundsatzentscheidung des EuGH die Gefahr eines sog. „ausbrechenden Rechtsakts", wo über das Ziel hinausgeschossen würde. Ein solcher Rechtsakt könnte einen Verstoß gegen das europäische Recht darstellen. Es gibt daher kein Machtwort zwischen den beiden Gerichtshöfen, also auch kein letztes Wort. Grundsatzurteile sollen vielmehr ihrer Natur nach beide Seiten und deren Rechtswissenschaftler <irritieren> und dann zur Anhörung verleiten. Karlsruhe wird auf diesem Felde argumentieren, daß es sich bei seiner Rechtsprechung um einen Einzelfall gehandelt habe, während Luxemburg argumentieren werde, daß es sich um eine EU Recht betreffende oder sogar verletzende Grundrechtsfrage handele. Die Spannung besteht also zwischen dem Besonderen und dem Allgemeinen. Karlsruhe will in dieser Rechtsdynamik europafreundlich erscheinen, Luxemburg einer zulässigen Ausnahme gegenüber aufgeschlossen. Das zwischen Beiden schwebende EU Recht hat eben nur dann Vorrang, wenn sich das Recht der nationalen Verfassungsgerichte als kooperativ erweist, und nicht, wenn es einzigartig auftreten möchte.

16.2 Damit sind wir überraschend schnell an die möglichen Opponierungsgrenzen des nationalen Rechts vis-à-vis dem Europarecht gestoßen. Es existieren zeitweilig Auslegungsmöglichkeiten, die zunächst nicht alle Mitgliedsstaaten angehen, die aber kraft ihres allgemeinen Betreffs letztlich doch gewaltenverschränkt zur Austragung gelangen: suaviter in modo, fortiter in re. Das Verbundsrecht als Europa-verpflichtendes Auslegungsgebot soll uns in aller Prüfungsintensität stärken, so daß unsere kulturellen Traditionen erhalten bleiben, aber ihre wichtigen Funktionen ausgeübt werden können. Curiositas bleibt angesagt. Der als Verlust beklagten Sprachverengung steht eine Rechtserweiterung als Gewinn gegenüber. Nur die Rechtssprache kennt ihre eigenen Gesetze. Sie allein gelten.

# VII. Zusammenfassung

Zu I. Die Wiedervereinigung verlief in mehreren, sich steigernden Schüben. Eine allgemeine Unzufriedenheit brauste auf Aufruhr-geeigneten Plätzen und Straßenfluchten auf. Diese lagen zentriert in den wichtigsten DDR Städten. Es wurden an geschlossenen Übergängen buchstäblich Tore geöffnet, und zwar ohne Gebrauch von Schusswaffen. Der Prozess endete über mehrere Phasen in einem Beitrittsvertrag zwischen einem abgewirtschafteten Einheitsstaat und einem zahlungsbereiten Bundesstaat. Obwohl Westberlin den Wettbewerb gegen Ostberlin gewonnen hatte, und die Hauptstadtfunktion übernahm, blieb eine verfassungsrechtliche Annexionsbegründung (wie schon damals bei Bismarck) aus. Das Volk wünschte es so und hatte es auf seinem Marsch zur D-Mark eilig. Auch innenpolitisch hatte es das Volk und die Bundesregierung mit der Vereinigung eilig. Denn der internationale Rückenwind blies hafengünstig und Eile schien deshalb auch geboten. Das alles typisch deutsch: lange gelitten und gegrummelt und auf einmal geht's mit Urgewalt los.

Zu II. Die Europäische Gemeinschaft und die Europäische Union begannen ihre Aufgabe als Schutzgarant gegen die und vor der Bundesrepublik. Das französisch-deutsche Verhältnis verwandelte die Knebelungsatmosphäre in ein Freundschaftsverhältnis. Die Wiederaufnahme der Bundesrepublik erlaubte selbst-übernommene Einschränkungen und eine Stärkung der kleineren Mitgliedsstaaten. Einheitsstaaten wie Frankreich konnten sich leichter als Bundesstaaten wie Deutschland in der Gemeinschaft und ihrer Nachfolgerin, der Union, anpassen. Die Gewaltenteilung in der Bundesrepublik verteilt die Machtbefugnisse anders als Brüssel,

Straßburg und Luxemburg. Arbeitssprachen können dort übersetzt werden, nationale Sprachen leben auf rechtsverbindliche Weise zu Hause weiter. Grenzmauern fallen, aber Gewaltenmauersteine werden staatenverbundsrechtlich anders zusammengesetzt.

Zu III. Der Einzelne fühlt sich Europa zunächst fremder als zu Hause; aber seine Regierung ist nicht länger in einer Hauptstadt ummauert. Die nationalen Zitadellen werden museal; die neue Regierungsweise ist politikwissenschaftlich begründet und vom Einzelnen, was ihn betrifft, nachvollziehbar, ja einklagbar. Heimatland lässt Fremde ein, Urlaubsland wird fremdenfreundlicher. Die Unschuld kehrt zwar auch in der dritten und vierten Generation nicht vollständig zurück, aber die Kollektiv-Verantwortung für Verbrechen der Vorfahren wird weniger belastend. Die Verbund-Staatsräson hilft bei der deutschen Entlastung.

Zu IV. Das Deutschtum wächst zwar nicht mehr numerisch ist aber in sich vorbildlicher geworden und im europäischen Maßstab anteilsfähiger. Die eingebürgerten Europäer zählen für Deutschland; sie verjüngen und bereichern das nationale Eigenleben. Die Nationalhymne, von manchen nur gemurmelt, lässt sich in den Versöhnungsprozess, wie oben 11.0 vorgeschlagen, eingliedern.

Zu V. Die deutsche Sprache ist öffentlich-rechtlich nicht geschützt. Sie kann von Jedermann verdorben werden. Sie „verschlingt", goethisch gesprochen, Unmengen fremden Sprachmaterials, als wären es neue Gerichte aus ausländischen Töpfen. Stress bei der Aufnahme ist unvermeidbar. Am Integrationsziel angekommen, kann er wieder abgebaut werden.

Zu VI. Die Sachgebiete von I. bis VI. gehören als Fächer des Verbunds zusammen. Erst verbunden sorgen sie zum Nutzen aller für europäische Integration. Sprachverschiebungen, -erweiterungen und -verengungen bedrücken im Kleinen, wie Bürgschaften für fremde Schulden im Großen. Schuld und Sühne für Vergehen, die frühzeitiger hätten gestoppt werden können, aber es im Zuge der Erstarrungen nicht rechtzeitig wurden, gleichen sich auf manchen Gebieten aus; hier nicht, hier musste symbolisch nachgesühnt werden. Eines Bundeskanzlers Kniefall trug ostpolitisch wesentlich dazu bei. Der europäische Symbolhaushalt ist inzwischen in Deutschland und anderen Mitgliedstaaten vermehrt worden. Der Gegensatz vom Staatenverbund zum Bundesstaat ist weniger eine unverbundene Aneihung von Einzelstaaten als vielmehr die vertragsame Zusammenarbeit zum Zwecke der Vermeidung von Chaos, Seuchen und Krieg. Die Mitglieder arbeiten in den Einzelstaaten und in Brüssel harmonisch zusammen. Sie arbeiten machtvoll an dem Wiederaufstieg Europas in Harmonie.

I.-VII. Der Staatenverbund Europa verhindert, daß wieder gegeneinander Krieg geführt wird. Auf eine Formel gebracht: Der Staatenverbund EU garantiert Europa den Frieden. Deutschland im Staatenverbund Europa verdient einen kleinen Lorbeer. Der große Kranz geht an die Union. Am Ende überwiegt die Freude an einem geglückten Orgelfunkeln. Ja, mit des deutschen Dichters Wort darf es gewagt werden so zu enden:

„Es funkeln aus der Tiefe manchmal seine Töne".

# Literatur

**A Gesetze**

Schönfelder, *Deutsche Gesetze*. Loseblatt-Sammlung mit Fortsetzungen.
Grundgesetz [1949] (2012); 52 mal durch Gesetz zur Änderung des Grundgesetzes, zuletzt 2012, verfassungsrechtlich emendiert. Mit einer Hausübersetzung des Bundesjustizministeriums ins Amerikanische. Stand 2010.
Bundesverfassungsgerichtsgesetz 1951; 1993; (2009); 2012.
NATO Treaty von 1949. Völkerrechtlicher Vertrag. Organisation und Sitz zuerst in Washington, dann Paris und schließlich ab 1967 in Brüssel.
Bundesdatenschutzgesetz. 1977. Novelliert 2009 und 2010.
Einigungsvertrag zwischen der BRD und der DDR 1990; letzte Änderung 2010.
Vertrag über die Europäische Union von Maastricht 1993.
Untersuchungsausschussgesetz. 2001. Anpassung 2004.
Vertrag von Lissabon. 2007; Begleitgesetze 2009.
Risikobegrenzungsgesetz. 2008.
Gemeinschaftliche Bankenaufsichtsmechnismus Gesetze [SSM/ESM] 2013.
EU Datenschutz Grund-Verordnung vom Oktober 2013, basierend auf dem <G 10 Gesetz> 1968, neugefasst 2001.

**B Kommentare zum Recht und zur Rechtssprache Deutsch**

*Kommentar zum Grundgesetz in 3 Bänden*. Hg. Mangoldt-Klein-Starck. Mehrere Auflagen.

*Das Grundgesetz.* Kommentar für die politische Bildung. Bpb Schriftenreihe Band 409. Hg. Dieter Hesselberger. Bonn 2003.
*GG und BVerfGG Kommentar*, Hg. Hans Lechner-Rüdiger Zuck. 6. Auflage 2011.
Hg. Klemens H. Fischer, *Der Vertrag von Lissabon. Text und Kommentar.* 2. Auflage. Nomos 2010.
Karl-Heinz Göttert, *Abschied von Mutter Sprache.* S. Fischer Frankfurt 2013.
*Goldene Bulle.* Reichsgrundgesetz von Kaiser Karl IV. Prag 1356. Hg. Wilhelm Altmann. Ausgabe von 1897. Politischer Einfluss von Fremdsprachenkenntnis.

**C Entscheidungen des Bundesverfassungsgerichts zu Art. 23 und den Europa-Verträgen und Entscheidungen des EuGH**

**D Sekundärliteratur**

Rudolf Smend, *Verfassung und Verfassungsrecht.* Duncker & Humblot 1928.
Wilhelm Hennis, *Politik als Praktische Wissenschaft.* Bpb Piper 1968; Amerikanische Übersetzung New York 2009.
–, *Auf dem Wege in den Parteienstaat.* Reclam 1998.
Hg. Stephan Schlak, *Szenen einer Ideengeschichte der BR.* C. H. Beck. 2008.
Ernst Wolfgang Böckenförde, *Die verfassungstheoretische Unterscheidung von Staat und Gesellschaft.* Opladen 1973: ähnlich WBG 1976.
Udo di Fabio, „Die Union hat eine offene Flanke", *Handelsblatt* 2007.
Matthias Pechstein, *Entscheidungen des EuGH.* UTB. 7. Auflage 2012.

Jürgen Habermas, *Strukturwandel der Öffentlichkeit*. Suhrkamp Taschenbuch Wissenschaft. 1990. Englische Übersetzung 1989. MIT Press Edition 1991.
–, *Zur Verfassung Europas*. Suhrkamp 2011.
Donald P. Commers, *The Constitutional Jurisprudence of the Federal Republic of Germany*. Duke U.P. 3rd edition 2012.
Svea Kövel, *Die Mitwirkung des Deutschen Bundestags in Angelegenheiten der EU*. Diss. Utz Verlag Wissenschaft Berlin 2000.
Katrin Erk-Lutz Priese, *Theoretische Informatik*. 2002 u. „Formale Grammatik", in: *Wikipedia*.
Christian Gellinek, *Essays zum deutschen Elternland. Vergleichende Städte- und Landeseinsichten mit Blick auf Europa 2023*. Agenda Verlag Münster 2013.

www.ingramcontent.com/pod-product-compliance
Ingram Content Group UK Ltd.
Pitfield, Milton Keynes, MK11 3LW, UK
UKHW041913140426
5217IPUK00002B/26